◎ 中国符号 ◎

中国民俗

朱辉 主编　廖逸婧 邓娟 著

河海大学出版社
HOHAI UNIVERSITY PRESS
·南京·

图书在版编目（CIP）数据

中国民俗 / 廖逸婧，邓娟著． -- 南京：河海大学出版社，2023.6（2024.2重印）
（中国符号 / 朱辉主编）
ISBN 978-7-5630-8136-3

Ⅰ．①中… Ⅱ．①廖… ②邓… Ⅲ．①风俗习惯－中国－通俗读物 Ⅳ．①K892-49

中国国家版本馆CIP数据核字(2023)第005539号

丛 书 名 /	中国符号
书　　名 /	中国民俗 ZHONGGUO MINSU
书　　号 /	ISBN 978-7-5630-8136-3
责任编辑 /	毛积孝
丛书策划 /	张文君　李　路
特约编辑 /	王　敏
特约校对 /	王春兰
装帧设计 /	谢蔓玉　刘昌凤
出版发行 /	河海大学出版社
地　　址 /	南京市西康路1号（邮编：210098）
电　　话 /	（025）83737852（总编室） （025）83722833（营销部）
经　　销 /	全国新华书店
印　　刷 /	涿州市荣升新创印刷有限公司
开　　本 /	880毫米×1230毫米　1/32
印　　张 /	7.375
字　　数 /	149千字
版　　次 /	2023年6月第1版
印　　次 /	2024年2月第2次印刷
定　　价 /	59.80元

序

  符号是一种标识或印记。它是人类生命活动的积淀，具备明确而且醒目的客观形式；也是精神表达的方式，承载着丰富的意义。文化符号，可以说是一个民族的容颜。

  一国与他国的区别，很重要的是精神和文化。中国历史数千年，曾遭遇无数次兵燹和灾害，却总能绝处逢生，生生不息，至今仍生机勃勃，是因为我们拥有着深入血脉、代代相传的强大文化基因。

  千百年来，中国文化绵延不绝，就如汉字，源远流长。从结绳记事到仓颉造字，汉字的起源蒙着神奇的面纱；但从一百多年前河南省安阳殷墟发现了甲骨文后，汉字的源流就基本清晰了。甲骨文已具有对称、稳定的格局，具备了文字的表意功能，由甲骨文而下，甲骨文—金文—小篆—隶书—楷书—行书，直到现在，汉字已被植入电脑，有了所谓的"打印体"。如今似乎除了学生和书法家，我们都不太需要拿笔了，会敲键盘就行，尽管如此，我们还是用汉语说话，用汉语思考，我们大脑中的数据链仍然是汉字串。

　　汉字就是一种文化符号。汉字的"福""寿"等等，可以写出很多种形态，笔致方正或飞扬，我们不见得全部认识，但一看就知道这是我们的汉字，外国人也能一眼看出。汉字是根，伴随着日月穿梭和时代变迁，我们的文化在蔓生、延展，文化氤氲在我们生活的方方面面，无论是涓滴如水的日常生活，还是精骛八极、心游万仞的精神活动，中华文化都是我们的血液。

　　文字是文化的根基之一。汉字的形态之美，对称之美，音韵之美，已经成为我们审美观的基础。对仗和对称，渗入了我们的审美，没有对仗，我们的古诗词就不会是这个样子，也谈不上对联和楹联；象形文字也潜移默化地引导了我们对风景的命名，各地大量的"象鼻山""骆驼峰"就是明证；我们的汉字与中国古代宫殿形制之间，显然存在着可意会却难以尽言的关系。

　　我们创造了文化，文化又反哺我们。古诗词对中国人的心灵塑造，从《诗经》中的男女情感、稼穑农桑就开始了。"关关雎鸠，在河之洲。窈窕淑女，君子好逑……""硕鼠硕鼠，无食我黍……"更不用说，文天祥的"人生自古谁无死，留取丹心照汗青"那种令人震撼的豪迈和悲壮。民俗节令和家训谚语对中国人的影响和规训自不待言。

　　文化是渊深的，丰富而庞杂。它顽强，坚韧，却

也活泼茁壮，苟日新，日日新，又日新。随着文化的发展和浓缩，到了一定火候，它自然会拥有符号功能，产生了符号意义。中国文化以其浓重深厚的内涵为基础，一直是中华民族屹立于世界民族之林的外在形象，拥有强大的辐射力；伴随着国力的增强和国家影响力的扩大，中国符号不胫而走，越来越多地出现在世界的各个地方：瓷器、茶叶、丝绸、书法、古琴、二胡、春联、剪纸、饺子、中国结、中国功夫、中国民歌、飞檐斗拱、财神罗汉、舞狮舞龙、威风锣鼓……林林总总，蔚为大观。我们无论是置身其间，亲临其境，还是通过媒体耳闻目睹，都会顿感亲切，自豪之情油然而生。

世界是交融的，中国文化和中国符号，早已进入其他的文化圈，不但出现在世界文化交流的舞台上，也渗入了其他文化生态的细微处。我们被称为"China"是因为瓷器，虽然这可能还不是定论，但"Kungfu"（功夫）这个英文单词确实出现在了英文辞典中。中国艺术家徐冰，在他的成名作《天书》系列中，设计、刻印了数千个"新汉字"，以极具冲击力的图像性和符号性，呈现和探讨了中国文化的本质和思维方式，在世界艺术殿堂中点亮了中国符号的高光时刻……这些都印证了中国文化、中国符号的影响力，也体现了文化符号的交流功能。符号是文化的载体，也是交流的工具和友好的使者。我们浸润在中国文化之中，周遭遍布中国符号，我们可能会习焉不察,熟视无睹,但祖先的遗产是千百代人胼手胝足的智慧结晶,生为中国人,我们是继承者,是学生,更应该是创造者和弘扬者。

从某种角度看,有些文化或符号已失去了实际使用价值,一个文物级别的碗或瓶,当然已不能用于盛水插花,但它们散发着味道和力量。它们陈列在橱窗里,在射光灯投上光线的那一刹那,它们就复活了,焕发出文化和精神的灵光与生机。它们深入人心,无远弗届。它们属于中国,属于我们。

中国符号是中国精神的外化呈现,它以醒目亮眼的客观形式,成为中华文化永远的载体。中国符号,也是中华民族砥砺前行的内在驱动力。

中国文化博大精深,其中很多可以冠之以"中国符号"。《中国符号丛书》讲述了节气、家训、民俗、诗词、楹联、瓷器、建筑、骈文、汉字、绘画中蕴含的中国文化,从历史、发展、分类、特色等多个维度展现了中国文化的独特魅力,多位专家学者付出了努力。这套丛书对弘扬中华优秀传统文化,帮助读者,尤其是青年学生了解中华优秀传统文化,将有所助益。

是为序。

目 录

第一章 民俗概说

壹

- 004 · 第一节　民俗的概念
- 006 · 第二节　民俗的产生与发展
- 010 · 第三节　民俗的特征
- 016 · 第四节　民俗的分类

目 录

第二章 人生礼仪中的民俗

贰

024 · 第一节　诞日习俗

032 · 第二节　成年习俗

036 · 第三节　婚姻习俗

045 · 第四节　祝寿习俗

052 · 第五节　丧葬习俗

目 录

第三章 传统节日中的民俗

068· 第一节　传统节日的来源与特点
074· 第二节　我国主要的传统节日
105· 第三节　现代节日与节日特征

目　录

第四章　信仰崇拜中的民俗

肆

112 · 第一节　民间信仰的渊源和分类

122 · 第二节　民间信仰的对象

139 · 第三节　民间信仰的特征

143 · 第四节　民间信仰的历史与现状

目录

第五章 衣食住行中的民俗

伍

154 · 第一节　服饰民俗

172 · 第二节　饮食民俗

182 · 第三节　居住民俗

189 · 第四节　交通民俗

目 录

第六章 民俗的影响和价值

陆

205 · 第一节　民俗的地位

210 · 第二节　民俗的功能与社会影响

215 · 第三节　民俗承载的文化内涵和精神寄托

第一章

民俗
概说

中国是一个拥有深厚民俗文化传统的国家。得天独厚的自然环境与人文环境孕育出我国异彩纷呈的民俗文化，正所谓"百里不同风，千里不同俗"。民俗文化不仅与民众的生活息息相关，也是中华传统文化中不可或缺的组成部分，展现着我国源远流长的历史。

民俗文化的产生源自人们生活中的实际需要，是广大劳动人民长久以来生活经验的总结，因而中国民俗涉及方方面面，其中既有贯穿生命旅程的人生礼仪、岁时节令的习惯与禁忌，又展现了民间信仰的精神世界、衣食住行的物质世界。人是社会关系的总和，民俗文化作为一座桥梁促进着人们的社会化，一方面民俗文化总是以大众喜闻乐见的艺术形式展现在世人眼前，为民众的生活带来了仪式感和美的享受，寄予着大众质朴的情怀和对于美好生活的向往；另一方面民俗也规范着人们的行为方式、语言和思维，起着化育人心的道德教化的功能。

民俗的形成与发展经历了长时间的里程，是人们集体智慧的结晶。作为中华文化的重要载体，民俗文化塑造了中国人独特的人文精神，影响着世世代代国

人的精神面貌。迄今为止，民俗仍然是我们生活中不可分离的文化，具有强大的生命力，在新时代焕发出新的生机。它的主体部分虽然形成于过去，但是并不代表民俗已经成为过去式，它在社会的发展中不断注入新的内容，获得新的活力，并且在将来还会伴随着人类历史的延续而继续传扬下去。

民俗是我们每个人可以真真切切感受到的传统文化。众所周知，民俗文化的背后有着数不胜数的浪漫传奇故事和丰富的内涵，知晓具体民俗活动的文化蕴意，增强对我国民风民俗的认识，不但有助于增长见闻，还能够使我们对于周围的事物增添关怀之心，以充满期待与感激的心情面对生活，从而激发对本民族文化的热爱。

既然我们的生活中处处充满民俗的身影，民俗与我国的社会历史有如此密切的联系，那么民俗的含义、民俗的发展历程、民俗的特征和类别分别是怎么样的呢？下面本章就将对这几方面进行介绍。

第一节　民俗的概念

"民俗"，通俗来说就是指民间的风俗习惯。"民"是相对于官方而言的，就是指民间的、大众的。"民俗"一词的历史很久远，在先秦时期就已出现❶。《礼记·缁衣》中载"故君民者章好以示民俗，慎恶以御民之淫，则民不惑矣"❷，这句话的意思是说统治者要表

❶《管子·正世》云："古之欲正世调天下者，必先观国政，料事务，察民俗，本治乱之所生，知得失之所在，然后从事。"
《汉书·董仲舒传》中载："乐者，所以变民风，化民俗也。"

❷（清）孙希旦：《礼记集解》，沈啸寰、王星贤点校，中华书局，1989，第49页。

明自己的好恶,从而向百姓指示风俗的走向。《说文解字》将"俗"字解释为"习",也就是众人相互效仿的意思。简言之,民俗是产生于民间,又在普通百姓之中广泛流传的风俗习惯。那么纯粹只存在于官方习俗中的活动,则不能算作民俗。当然官方习俗中也不可避免地与民间习俗有重合之处,这就仍可算作民俗的范围,哪怕是执行官方庆典的官员,一旦回到家中很可能也是民俗文化的热衷崇拜者。

  民俗的形成演进是一个长时间的过程,是先人选择和创造的结果,其中为人们所认可的习俗一直延续到今天,在未来仍然很可能会跟随着人们生活的步伐继续传承下去。具体而言,民俗文化的内容主要包括婚丧嫁娶等人生礼俗、岁时节令的节日习俗、衣食住行的生活习俗、民间崇拜的信仰习俗、民间娱乐习俗,以及民间文艺、语言民俗等方面,涉及物质与精神、生产与生活的层面。岁月的悠悠长河,孕育着中华五彩缤纷的风土人情,形成了我国独树一帜的民俗文化。民俗文化是传统文化的重要组成部分,学习民俗文化,有助于我们了解民俗产生的渊源、历史上不同阶段的风俗变迁,从而更好地把握当今生活中的习俗,同时增进对不同地域风土人情的认知,开拓视野,在品味民俗的趣味中愉悦身心。

第二节　民俗的产生与发展

中国民俗源远流长，很多习俗的根源可以追溯到上千年甚至几千年前。民俗文化是中华民族文化的重要载体，也是中华民族生生不息的体现，其发展的历程和中国的历史是一脉相承的。中国是一个以农立国的国家，民俗的产生与农业文化息息相关，民俗的创造通常是为人们的生产生活服务的，如岁时节日产生的前提与基础就是天文历法的进步，社日祭祀土地神就是源于人们对于土地的崇拜。

民俗随着人类文明的出现而产生。在原始社会时期，人们的生产力水平还很低下，十分依赖自然环境的资源，无力抵抗天灾人祸的厄运。人们的生活方式以采集渔猎为主，只能因地制宜地修建巢穴，如地穴式、半地穴式❶的住所。面对刮风下雨、电闪雷鸣、花开花落、生老病死，人们并不能正确地认识这些现象和规律，因而认为存在超自然的力量在发挥作用，所以对于周边的自然物和自然现象无比敬畏，由此产生了氏族部落的图腾崇拜、自然崇拜等原始的民间崇拜。这时早期人类的婚姻形态经历着由杂婚、班辈婚、族外婚到对偶婚的层层演变。

先秦时期，是民俗形成的重要阶段❷。从商代墓葬中发现大量殉葬的尸骨，可以窥见早期国家阶段使用人殉的丧葬习俗。商墓中出土的大量用于饮酒、盛酒的青铜器，可见商人饮酒之风盛行。目前发现的已知我国最早的相对成熟的文字便是刻在龟甲兽骨上

❶ 地穴式住所主要是利用天然洞穴作为栖身之所，包括北京周口店龙骨山洞穴、河南安阳小南海北楼顶山洞穴。
半地穴式住所是随着构筑屋顶技术的提升而产生的，集中在黄河中上游地区，最早的半地穴式住所出现在西安半坡文化遗址。

❷ 先秦时期，统治者已经认识到考察民俗的重要性。《礼记·王制》记载，天子"命大师陈诗，以观民风"。

的甲骨文，这些文字是占卜祭祀时的记录。周代是礼仪建制的大发展时期，礼仪中重要的士婚礼、冠礼、笄礼已经成形，并在后代的社会中沿袭下来。人们所熟知的"三礼"——《周礼》《仪礼》《礼记》，主要记录了先秦时期的礼制文化。

文化具有增强凝聚力的作用。秦始皇统一全国后，推行"车同轨、书同文、行同伦"的大一统政策，以小篆为全国统一的文字，车子的轮距一律定为六尺，而"行同伦"就是端正风俗，建立起道德标准，使人们的行为符合社会规范。始皇帝多次登山刻石❶，书写条令规章，以此矫正风俗，凡此种种行为都是为了增强全国民族文化的认同感。

❶ 秦始皇登山刻石是为了举行封禅大典，上要昭告天神自己功德圆满，下要昭告黎民百姓自己功德无量。他是历史上第一个举行封禅大典的帝王，此外，汉武帝等帝王也在泰山举行过封禅大典。

汉代以后，宗教的种子在民间生根发芽，佛教传入中国并在本土化的历程中不断吸收民间广泛的信众。同样，东汉时期我国土生土长的道教产生，对后世社会的政治、经济、文化产生了深远的影响。此后，儒释道三学在相互融合借鉴中渗透进中国的民俗活动。传统的岁时节日有着佛道二教影响下的清晰痕迹，比如正月十五元宵节是道教中的上元节、七月十五是道教的中元节与佛教的盂兰盆节。此外，佛道二教还深刻影响着我国的民间信仰，业报轮回、善恶承负等观念融入民众的思维方式，人们还将宗教中的一些神灵转化改造成普遍的民间信仰❷。

❷ 东汉应劭的《风俗通义》中，记载了很多汉代的风俗，包括大量神话异闻等，是研究汉代风俗的重要文献。

魏晋南北朝和五代十国是中国历史上战争频繁的大分裂时期，也是民族融合、文化碰撞交融非常频繁的时期。大量北方民族南下或者向西迁徙，不同的民族之间杂居共处，人们将自己原住地的文化一同携

❶ 胡旋舞是著名的西北少数民族舞蹈,是唐代最盛行的舞蹈之一,在龟兹壁画中有大量胡旋舞女形象,传入中原后,在唐代宫廷极为流行,杨贵妃、安禄山都擅长跳胡旋舞。

❷ 妈祖是宋代福建莆田人,原名林默,终身未嫁。在民间传说中,她可以为渔船护航,还有除痛去疾、降雨止风的神力。我国供奉妈祖的三大庙宇分别在莆田湄洲岛、天津和台湾北港。

带到了迁徙的地区。在思想上出现了以《老子》《庄子》《周易》为依据的魏晋玄学思潮。

开放包容的唐代,我国的对外交流达到了前所未有的高度,丝绸之路的商贸往来将少数民族与外国的食物、服饰、音乐、绘画等纷纷带入中原地区,著名的胡旋舞❶、胡帽在中原地区流行。与此同时,汉族的习俗也为少数民族同胞借鉴吸收,汉族的语言文字、服饰也传播到更为广阔的地区,在不同地域文化的交融碰撞中,极大地丰富了我国的民俗文化,使之焕发生机与活力。

宋元以来,民俗继续繁荣、发展,不断汇入新的内容。宋代是经济文化高度繁荣的时期,社会弥漫着尚文之风。宋代造船航海技术发达,指南针用于航海实践,海上贸易发展,社会经济繁荣。妈祖❷的神话传说在时代的背景下被塑造出来,妈祖受到沿海地区人们的普遍崇拜,民间形成出海前祭拜妈祖的习俗。妈祖经过历代统治者的加封,成为影响力辐射海内外的天妃妈祖信仰。

到了明清时期,我国的民俗框架已经大致成型。岁时节日的内容和形式稳定下来,形成了我们现今岁时节日的基本面貌。但民俗深受官方统治者政策的影响,移风易俗政令能在很大程度上催生或者改变固有的民间习俗。清初统治者曾经几次强制执行"剃发令",有"留头不留发,留发不留头"的说法,遭到汉族百姓的强烈反对。清代的剃发易服,是民俗史上的一次大事件,是统治者凭借政治力而强制推行的民俗变革。在经济方面,地域性的商帮普遍出现,例如知名的晋商、徽商，人们在会馆供奉商帮的保护神，祈求生意兴隆❶。

近现代以来，我国的民间习俗进入了新的转型阶段。经历了由晚清向现代国家转变的社会大变革，我国原有的经济基础动摇了，于是相应的民俗也发生了变化。受到西风东渐的影响，革除旧习的运动屡次上演，辛亥革命后在时间上采用西方的公历纪年，诞生了一些以公历日期计时的新兴节日。接连而来的五四运动、新文化运动在人民群众中掀起了思想上的风暴，民主与科学的理念冲击着人们固有的理念。在社会生活中，广大有识之士呼吁废止妇女缠足，男子也纷纷剪去辫子，衣着由长袍马褂逐渐向中山装、西装转变，女子中流行的旗袍经过改良后更加富有美感，成为中国服饰的经典代表。此外，民国的校服以其特有的艺术气息，成为一个时代校园文化的标志❷。

现代环保、可持续发展的思潮，催生出新的适应时代发展的民间习俗，民俗活动朝着保护环境、节约资源的方向迈进，如丧葬祭拜习俗中的烧纸钱在许多城市中被取缔，献鲜花等环保的方式得到提倡。一些不适应现代社会发展的、带有封建迷信成分的民俗逐渐消亡，遭到社会的淘汰，符合时代发展要求的民俗正在兴起。随着中外交流的深入，外国的文化习俗传入中国，与中国的民俗文化进行交流，涉及百姓的衣食住行、人生礼仪、信仰、节日等方面。同时，中国民俗作为中国文化的象征之一，也在面向世界，中国的民俗文化如传统服饰、传统节日等也为一些外国人所喜爱。在全球化的时代背景下，面对文化的传递和

❶ 晋商尊奉关公，修建了很多晋商会馆和关帝庙，建立了"信义为上，利从义来"的义利观。徽商则尊崇朱熹，推崇理学观念，宣扬"孝悌"，重视宗族，重仁义、重乡土，"以仁事贾""以诚待人"。

❷1929年中华民国政府规定，男子礼服一种是中山装，一种是清代的长袍马褂；女子礼服一种是长身旗袍，一种是蓝上衣和黑裙的"文明新装"。女士的学生装上身为腰身窄小的大襟衫袄，下身为黑色长裙。

沟通，了解和弘扬本国的民俗文化就显得尤为重要。

由上观之，民俗的产生、发展并不是一蹴而就的，统治者的政策导向、宗教的渗透、战争与对外交流等因素都是导致民俗变迁的推动力。民俗在岁月的积淀中流传，能够反映出一定时期中国人的民族性格、精神风貌、社会心理。我们应当注意，民俗的传承与发展处于现在进行时，新的符合时代发展要求的民俗正在不断涌现，从而更好地为人们的生活服务。

第三节　民俗的特征

民俗的特征呈现出复杂的面貌，其中既包含民俗的共性又包含个性，是普遍性与特殊性的统一。民俗的普遍特征大概可以分为传承性、变异性、地域性、集体性、约束性、服务性等。

一、传承性与变异性

民俗的传承性具有两层含义，既指时间上的传承又指空间上的传承。一方面指民俗在时间上流传久远，为世世代代的人们所遵守，较为稳定；另一方面又指向民俗的受众群体，即为一定空间范围的人们所遵守和传承。许多民俗早在先秦时期就已经初具雏形❶，扎根于人们实际的生产生活当中，此后代代相传。从这个角度来说，民俗文化的传承可以是代际的口耳相

❶ 先秦时期的民俗已经初具雏形，如与农业生产密切相关的二十四节气以及耕植、祭祀、庆典、婚姻、宴请等，我国境内还存在着许多各具特色的地域性风俗，都构成了我国民俗文化的多样性。

传,从小到大,人们在潜移默化中接受长辈有关民俗文化的教导,获得有关民俗知识,接受民俗背后的价值理念,并在个人的生活中自觉地遵守着民俗的仪式和禁忌。从民俗受众群体的角度来说,一个地区的民俗传布到另一地区,并被人们接受和践行,同样可以说是传承民俗的表现。比如说,历史上人口的迁徙,将原住地的民俗带往新的地区,扩大了民俗传播的空间范围和受众。

民俗一旦形成就保持着一定的稳定性,不容易凭空消失。南朝梁人宗懔所写的《荆楚岁时记》❶记录了南北朝时期荆楚地区的岁时节令和风俗,保留了珍贵的民俗资料,从中可以窥见当今传统佳节及其风俗的雏形。春节放爆竹,端午节赛龙舟、系五彩绳、挂艾草,七夕节乞巧,重阳节饮菊花酒、佩茱萸……这些节日的习俗历经岁月的沧桑、时代的更迭,从当时一直保留至今。民俗文化的存在有其生存的土壤,因而不会轻易发生大的变革,而是在民众之中传扬下去。但是民俗的传承自然也是有选择的传承,民俗本为满足人们的需求而创造,人们不断筛选适宜生活需要的民俗并将其发扬光大,传播影响到其他的地区。

当然,民俗也是变动的、发展的,随着时间的变化而产生变异,乃至发生大的变革甚至于消亡。民俗的挑选与存续有如百川汇流、大浪淘沙,因时而变,因地而变,民俗也不断在变革中适应时代需要以求得生存的空间,焕发强劲的生命力。民俗在传承的过程中本身很容易发生变异。首先,民俗最为直接的传播方式便是代际的口耳相传,而多人传递消息时非常容

❶ 南朝梁人宗懔(约501—565年)撰,是我国现存最早的有关古代岁时节令内容的专著,全书共37篇,记载了自元旦至除夕的二十四节令相关风俗,有注,注中引用经典俗传计68部80余条,说明各种风俗的来源。

❶ 相传天下的鬼都害怕两位神人，名为神荼、郁垒。民间用桃木刻成他们的模样，放在自家门口以辟邪防害。到了宋代，人们开始在桃木板上写对联，一则不失桃木镇邪的意义，二则表达美好的心愿，三则装饰门户，以求美观。

❷ 广东地处岭南，背山靠海，其居民除了南越人外，秦汉时又移居了一大批中原居民，因此粤菜保留了南越人和秦汉时期中原人的习俗，在继承其技法基础上又吸收了西餐的菜肴烹饪法，如盐焗、酒焗、锅烤等。

易出现偏差，几代之后流传的信息与最初的形态很可能不同，很多习俗已经不是当初的样子了。其次，一方面由于时代的变迁，经济的发展，生活方式、思想文化的变动，以及受到统治者政策的影响，民俗赖以生存的土壤变了，民俗的具体形式必然或早或迟地发生变化。另一方面，人们地域间流动范围在不断扩展，人们之间的文化交流会促进习俗的变异，群众对已有民俗的加工和创新也会不断为之汇入新的内容，人们选取更加适宜、有益的习俗服务日常生活。再次，有些民俗因为不适合社会的需求而消亡，如靠苦力拉的黄包车在不到一百年的时间里便不见了踪影，它由人们生活中的交通工具转变成了博物馆的历史藏品，与此一同消失的还有拉黄包车这一行业。

当然，民俗的变异性并不是说就是对已有民俗的全盘否定，这一特征同样也为民俗的发展增添新的生机与活力，使之以崭新的面貌展现在世人的眼前。如以前春节在门上挂桃木板的习俗演变为贴春联❶，春联既方便又喜庆，因而广受欢迎，成为家家户户过年都要准备的吉祥物。又如生态环境越来越得到人们的重视，社会大力提倡环保理念，所以现在清明节习俗由原来的烧纸钱逐渐演变为献鲜花，的确改善了清明节的空气质量，减少山林着火的隐患。同时，外来民俗也刺激着中国民俗的发展。当今我们处于世界交流日益密切的时代，外国的美食、节日等文化接踵而至，丰富着中国人的民俗文化，中国八大菜系之一的粤菜❷就吸收了很多外来菜的优点，创造出闻名中外的独特口味。民俗文化是变与不变的统一体，既有着相对稳定的因素，使之长久传承而不衰微，但又能够适应社会环境的变化，与时俱进，在形式上、内容上发生变异。民俗在继承中完善创新，同时不适应社会发展的内容也会遭到时代的淘汰。

二、地域性与集体性

"一方水土养一方人"，中国广袤无垠的土地上，古往今来养育了不计其数的人口，形成了独具特色的区域文化和民族文化。《汉书·王吉传》云："百里不同风，千里不同俗。"这句话形容的就是不同地区有不同的风俗习惯，当然即便是同一习俗也往往因地域不同而有差异。《史记·货殖列传》便描写了各地的民风和特点，"是故江、淮以南，无冻饿之人，亦无千金之家。沂、泗水以北，宜五谷桑麻六畜，地小人众，数被水旱之害，民好畜藏，故秦、夏、梁、鲁好农而重民。三河、宛、陈亦然，加以商贾。齐、赵设智巧，仰机利。燕、代田畜而事蚕。"❶人们对于各地的物产和风俗形成了一些特有的印象。举例来说，在饮食上❷，北方人多吃面食，而南方人喜好米饭和米粉。西北地区深居内陆，昼夜温差大，"早穿棉袄午穿纱，围着火炉吃西瓜"描绘的就是西北地区独特的场景。说到瓜果之乡，人们就会立刻想到昼夜温差很大的新疆，"吐鲁番的葡萄，哈密的瓜"已经成为人们口中的顺口溜。而谈到东北三宝，人们很容易会想到人参、貂皮、乌拉草。凡此种种，生动地体现了民俗的区域特色。正是由于民俗的区域差异，中国有

❶（汉）司马迁：《史记》，中华书局，1959，第3270页。

❷ 从饮食上看，不同的地域有着不同的地方色彩，如我国的八大菜系，代表了各地的饮食特色。

句古话叫作"入乡随俗",到了当地要尊重当地人的习俗,如果不事先了解当地的民风民情,就可能造成误解,闹笑话甚至发生文化冲突。

与此同时,民俗还具有集体性。民俗是集体约定俗成的产物,为一定数量的集体创造、认可、参与、传承。如果某一习俗不能得到大众的认可,那么它也会因为没有人传承而湮没在历史的长河中。民俗是群体智慧的结晶,为群体所接受和发扬,因而具有广泛性,这种集体既可以大到国家民族也可以小到村庄聚落。如在早期的氏族部落时代,图腾崇拜❶是全体部落成员共同承认的文化,人人都有对本部落图腾文化应尽的职责。只有民众共同遵守民俗,才能营造出民俗活动的热闹氛围。中国传统岁时节日,如春节、元宵节、中秋节等就是中国人民一同欢度的节日,得到民众的普遍传承,历经千年的发展,流传至今,演变为我国的法定节日,成为全国人民共同的文化记忆。大众所创造的民俗活动中,许多是需要众人共同来参与的,如端午节盛行的龙舟竞渡,队员们就务必齐心协力,相互配合才能快速前进。民俗文化正是由于具有集体性,才能够起到凝聚人心的效果。

三、约束性与服务性

民俗具有社会教化的意义和功能,在一定程度上约束着人们的行为、心理和语言。民俗是社群内大家相互约定俗成的一套礼仪规范,蕴含着民众共同认同的价值取向。民俗虽然不像法律具有强制约束力,

❶ 图腾崇拜产生于母系氏族社会时期,人们认为自己氏族的祖先由某一种特定动物、植物转化而来,与该物有一定的血缘关系,该物对氏族有保护作用,于是人们将该物视为氏族的祖徽——图腾,有目的地崇拜。如"天命玄鸟,降而生商",玄鸟就是商朝人的图腾。于是,图腾崇拜便成为实际意义上对祖先的崇拜了。

却在一定范围内为人们遵守，深入社会成员生活的各个方面，如同古希腊剧作家欧里庇得斯❶所说，"一个好的习俗比法律更可靠"。并且民俗往往通过家庭成员的言传身教得到继承，因而家族内部对于民俗的认同，规范着家庭成员的日常活动，对于家族成员的监督更是渗入生活的点滴之中。民俗活动是一种不成文的规矩，乃至于成为百姓之中自发的行为。人们潜移默化地接受民俗的影响，自觉遵守着民俗的规定，比如说新年守岁、春节贴对联、元宵节吃汤圆；过年第一天不能倒垃圾，不然会被认为倒掉家中的好运气；新年打碎了东西要说"碎碎（岁岁）平安"。

❶ 欧里庇得斯（公元前480—公元前406）与埃斯库罗斯和索福克勒斯并称为希腊三大悲剧大师，他一生共创作了90多部作品，保留至今的有18部。欧里庇得斯是民主政治衰落时期的悲剧诗人。在智者学派的影响下，他对神和命运之类的观念提出了异议。他所表现的神往往是荒谬的，在他看来，命运不是生前注定的，而是取决于人们自己的行为。

在对民众的行为起到约束作用的同时，民俗文化的创造本身是为大众服务的，其中蕴含着民众对美好生活的向往和追求。

首先，民俗能够满足民众生产生活的实际需求。中国是一个农业大国，有不少与农业相关的民俗，如二十四节气就与农业生产密切结合，给农民从事农作物的耕作带来便利，而农业活动和祭祀活动等因素又催生了我国历史悠久的岁时节日。

其次，民俗活动贯穿于人的一生，服务人们的日常生活，通过一系列的礼俗仪式帮助人们适应社会角色的转变，从婴儿诞生之初的诞日礼仪，到成年接受社会认可的成年礼，以及作为人生大事的婚礼，再到老年的寿诞礼和最后告别人世的葬礼，民俗陪伴人们生命中的重要时刻。

再次，民俗还寄托了百姓的生活情感需要。元宵节吃汤圆，寄予了家人团圆的美好愿望；清明节祭祖，

是对故去亲人的思念的表达；剪窗纸窗花、画年画是百姓对美好生活的追求和向往，给千家万户平添了许多生活中的乐趣；社日祭祀土地神，传达农民期待来年五谷丰登的美好愿景；丧礼中的"哭丧"宣泄人们对于亲人逝去的悲痛等。

最后，民俗的娱乐功能也显而易见。大众不可能无休止地劳作，民俗中的娱乐活动便为大众提供了放松身心的良机，出游踏青、放风筝、荡秋千、流觞曲水❶等活动有助于人们释放平日的压力，交流情感，获得身心的愉悦。民俗活动有着娱乐大众、表达情感、确立社会身份地位等功效，给人以美的感受和心灵的慰藉，丰富着人们的日常生活和精神世界。

第四节 民俗的分类

民俗涉及社会生活的各个领域，类型众多，学界对于民俗的划分有多种标准。有按照生产和生活民俗进行分类的，也有划分为物质民俗、精神民俗、社会民俗、语言民俗的。本节主要选取四类与人们生活密切相关的民俗文化，以便为读者认识生活中的民俗提供便捷的桥梁。这四类民俗文化分别是人生礼俗、衣食住行、岁时节令、民间崇拜中的民俗文化。

---

❶ 曲水流觞，亦称流觞曲水，或称流杯曲水，是古代上巳节的一种饮宴风俗。其大致方式是：众人围坐在回环弯曲的水渠边，将特制的酒杯置于上游，任其漂浮，酒杯漂到谁的面前，谁就取杯饮酒。如此循环往复，直到尽兴为止。文人则将此俗发展成名士雅集，其乐趣类似于席间的"击鼓传花"。

一、人生礼俗

人生礼俗贯穿于人的一生,从诞生、成年、结婚到去世等几大重要时间点都可见人生礼俗的踪迹,礼俗的背后蕴含着深厚的文化内涵。人生礼俗通常是在亲朋好友的陪伴下共同完成的,人从出生起就开始接受所属社会的诞生礼俗,在亲人的呵护中度过幼儿时光,又历经成人礼仪、婚姻仪式、寿诞庆典,最后在亲人泪水中结束在这个世界的旅程。人生礼俗,使得人们的生活充满仪式感和幸福感,塑造着中国人的人格。人生礼俗文化体现着对作为个体的人本身的重视、人的主体地位的突出,它既有相应的仪式来规范人们的行为,同时也帮助人们更好地完成社会角色的转变,适应新的角色与责任❶。

❶ 人生礼俗也是历朝统治者们教化民众、巩固统治的重要手段。

二、衣食住行❷

人们每天的生活须臾都离不开衣食住行,饮食、衣着、居住、交通是与人们生活最为密切的民俗,在人们的生活中占有极其重要的地位,人们往往也习惯与日常生活中的习俗朝夕相伴。衣食住行的习俗具有鲜明的地域特色,不同地域因地理环境、气候差异、风俗习惯不同等原因而有着不同的风情,展现居民因地制宜、就地取材、充分利用本地的自然环境的聪明才智。衣食住行从最初满足人们最基本的需求,逐渐上升到更高的艺术层次。我国的传统服装如汉服、旗袍、唐装、中山装,独具中国特色的四合院、窑洞、

❷ 我国古代的衣食住行不仅是一种民俗,也是一种礼仪,有着非常严格的等级制度,不同阶层、身份的人在衣食住行上都要遵守明确的规定。

干栏式建筑等民居,闻名海内外的中国八大菜系,丰富多样的出行工具等无不是传统民俗的生动展示。

除了衣食住行中可以看得见、摸得着的物品本身,衣食住行的民俗还包括其中伴有的一套礼仪习俗,如宴饮的交际礼仪、衣着的规范、居住的习俗和出行的禁忌等。

三、岁时节令

岁时节令是传统文化中的精华。华夏祖先创造了绚丽多彩的传统节日和习俗,丰富着人们的精神世界,对百姓的生活产生了深远的影响。在长期的历史发展中,节日习俗融会创新,有扬有弃,蕴藏着祖先们对岁时与自然的深刻体悟。春节、清明节、七夕节、中元节、中秋节、重阳节等古老的传统佳节流传千年,成为凝聚中国人的重要纽带,其中许多传统佳节已经被列为我国的非物质文化遗产名录,受到国家和民族的保护。岁时节令的重要特征之一便是它的可重复性,时光荏苒,如流水东逝般一去不回,但是岁时节令的周年性质却能让人们在年复一年中感受岁月静好。❶

此外,岁时节令中的节令食物和流行的娱乐活动给人们带来别样的生活乐趣,如春节舞龙舞狮、端午节的赛龙舟等,有益于身心的放松和情感的交流,展现着古老民族的魅力与智慧,成为集体不可磨灭的记忆。应当注意的是,岁时节令既具有全国的共通性又具有鲜明的地域性,在全国人民共享节日氛围的同时,不同地区可能会以具有本地特色的民俗习惯来欢度节

❶ 我国传统的岁时节令大多源于原始崇拜和宗教信仰等祭祀活动。

日，尤其是各地的少数民族也拥有着富有本民族特色的节日，共同构成我国的岁时节令文化。总之，岁时节令的习俗使得人们在愉悦身心的同时，也能促进亲友间的情感交流，在岁月的流转中一同感受人世间的美好。

四、民间崇拜

民间信仰民俗，是由民间发展流行起来的，涉及民众对神灵崇拜的心理、语言、行为以及相关的礼仪习俗。我国民间崇尚"万物有灵"和"多神崇拜"，因而民间神祇不胜枚举。民间信仰的历史可以追溯到上古时期的原始崇拜和巫觋信仰❶，人们认为生活中的一切事物都有神灵在起作用，不仅创造出具有人格意志的"天"，动物、植物、风雨雷电等自然事物中都有神灵的存在，而"巫"作为沟通神灵的媒介在社会中拥有神圣的地位。后世，民间信仰在不断演化中继续生根发芽，构成了民众世俗生活的有机组成部分，渗透到人们的节日风俗、人生礼仪、衣食住行当中。民间崇拜对象的类型大概可以分为图腾崇拜、祖先神、行业神、生育神、自然神等类别。此外，值得注意的是，民间信仰的内容不仅包括神灵崇拜，民间禁忌也是避难消灾的心理反映，同样属于民间信仰的范畴。民间信仰之中寄予着人们朴素的情怀和对美好生活的向往，如长寿、生子、发财的愿望。我国的民间信仰具有鲜明的功利性、多样性、包容性、神秘性等特征。

从古代的神话传说、文学典籍中，我们可以一窥

❶ 巫即女巫师，觋即男巫师，巫觋掌握着沟通天地人神的特殊能力，具有亦人亦神的双重身份，所以民间有"又做师娘又做鬼"之谚。常见巫觋术有"招魂巫术""驱魔巫术""放蛊巫术"等。

❶《山海经》是一本风格独特的奇书、怪书。此书分《山经》5篇和《海经》13篇，虽仅有3万多字，但就内容而言，从天文、地理、神话、宗教，到民族、动物、植物、矿产等，天南海北，包罗万象，是研究上古时代的绝好资料，是记录中华民族文明与文化起源和发展的最珍贵的历史典籍之一。

先人们对于鬼神信仰的看法和生活体验，如《山海经》❶《聊斋志异》《西游记》等作品，以其天马行空的想象，直观地展现不同时代来自民众灵魂深处丰富多彩的信仰世界。神灵信仰是人们在认识世界和改造世界的过程中形成的一种精神寄托，民众对于民间神灵往往夹杂着复杂的情感。

简言之，人生礼俗、衣食住行、岁时节令和民间崇拜共同构成了我国民俗主体部分的重要内容，并且民俗之间呈现交流互动、相互影响的关系，形成我们所见的民俗世界。民俗文化以其浓郁的乡土气息，有机地融入社会生活之中，是雅俗共赏的文化，是我国闪亮的名片与独特的标识。

第二章

人生礼仪中的民俗

《春秋左传正义》云:"中国有礼仪之大,故称夏;有服章之美,谓之华。"[1]中国素来就有礼仪之邦的美誉,在西周时期产生了"吉、凶、军、宾、嘉"五礼,人们的日常生活都有相应的仪式和规范。人生礼仪是民俗文化的重要体现,在岁月的积淀中形成了中国独具特色的人生礼俗。

人生礼俗是标志着人生进入新阶段的仪式,与每个人的生活息息相关。在人生重大时间点,人们通过接受社会共同承认的仪式,获得新的社会身份的认同,以及取得相应行为的允许。人生礼俗是贯穿人一生中重大时间段的仪式,从生命的诞生开始,直到生命的结束,具体来说主要有诞日习俗、成年习俗、婚姻习俗、祝寿习俗、丧葬习俗等风俗习惯。人生礼俗表现得不仅是年龄和身心的变化,还有家人和社会对个人的认可。人是社会的人,人生礼俗深入民众的日常生活,帮助大众完成社会角色的转化。同时,人生礼俗与民间信仰、社会风尚、地域文化密切联系,相互交织。中国的人生礼仪历经千年的发展演变,形成多姿多彩的人生礼俗文化,有着厚重的历史文化底蕴,既

[1] (清)阮元校刻《十三经注疏》,中华书局,1980,第2148页。

服务于大众的生产生活,又规范着民众的行为举止和思维方式。

中国文化中的"礼"和"俗"密不可分。礼分为"五礼":吉礼、凶礼、军礼、宾礼、嘉礼。"五礼"中尤其要者为"八纲"——冠、婚、丧、祭、朝、聘、射、乡。吉礼的主要内容是祭祀天地和祖先、皇室立储君等;凶礼主要是丧葬等哀悼性的礼仪;军礼的内容与战争密切相关;宾礼,与人际交往密不可分;嘉礼,主要包括婚礼、冠礼。"五礼"渗透于人们的日常生活之中,与人生礼俗相联系。

人类学家、民族学家颇为关注人生礼仪的相关研究,其中"人生通过仪式"是人类学关于仪式的经典理论之一,指的是人生生命流程重要阶段的民俗仪式,包括生命孕育时的胎教及其后的诞生、成年、结婚、育子、做寿、丧葬等习俗仪式[1]。人生礼俗便属于通过仪式,与衣食住行的民俗、民间信仰等相互交织,形成有机的民俗系统,帮助人们更好地适应社会角色的转化。下面本章将分别介绍诞日习俗、成年习俗、婚姻习俗、祝寿习俗、丧葬习俗。

第一节　诞日习俗

生命就像是一条河流,需要不断有新的溪流汇入才能奔腾不息。"每一个鲜活的生命,就是一件自然的杰作",中国人历来重视家族的传承和血缘的延续,

---

[1] 夏征农、陈至立主编《大辞海·民族卷》,上海辞书出版社,2012,第506页。

子嗣对于许多家庭来说是头等大事。在举办婚礼时，宾客们就纷纷祝愿新郎新娘早生贵子。婴儿的出生意味着家族血缘的延续。大多数家庭会为新生儿庆生，由此产生一系列诞日礼俗。诞日习俗是一套连续性的礼仪，从求子、孕育到孩子的周年庆生，往往历时数年。其中孩子的庆生是诞日习俗的重心，寄予着长辈们对孩子的祝福和期望。

一、求子之风

生育在古人眼中是一件神秘且辛苦的事，除正常的分娩外，还可能出现流产、畸形等异常的情况。因此，人们往往在怀孕前就开始格外小心。一些结婚不久或者结婚后久久不孕的妇女会向民间信仰中的神灵祈求。人们通常祭拜的神灵有送子观音、道教中的女仙碧霞元君❶、送子娘娘、子孙娘娘等。求子的妇女往往由女性长辈陪同前往寺庙，虔诚祭拜。向神灵求子的仪式一般有两种，一种是求签，妇女在签筒里摇签，如果得到吉签，就代表将受到神灵保佑而成功怀孕。另一种方式是拴娃娃，香案供桌上放有泥娃娃，祈子的妇女从中拴走一个或者由庙里的道士、和尚帮忙取出一个娃娃。求子习俗中有的是妇女自己向神灵求子，但还有一类是由他人象征性地"送子"。除了常见的送泥娃娃外，在一些地区有偷瓜送子的习俗。送子的人，将瓜偷来以后，在瓜的表面绘上五官，给瓜穿上衣服，将瓜打扮得俨然像个小孩，装扮后再将偷来的瓜送往求子之家。求子的妇女把送来的瓜塞在被窝里睡一觉，

❶ 碧霞元君为泰山东岳大帝之女，是一位全知全能的女神，妇女对之顶礼膜拜，不远千里前去烧香许愿，最看重的是她"保生益算，延嗣绵绵"的功能。每年的农历四月十八日，相传是碧霞元君的生日，各地的娘娘庙都在此日前后开庙数日，形成规模盛大的庙会，妇女无子者，都虔诚祈祷，叩头许愿，求生贵子。除此之外，人们求子祭拜的神灵还有送子娘娘、金花娘娘、子孙娘娘等。

第二天吃下，据说这样就可以怀孕。另外，有的地方还有在月圆之夜观灯求子的风俗，"灯"与"丁"，字形相似、读音相近，因而人们将赏灯与求子的愿望联系起来。婚宴上的一些食物也有与生子相关的象征意义，比如石榴寓意着"多子"，发的喜糖里通常有红枣，象征着"早生贵子"。这些习俗反映出人们求子的迫切心理和对生命的珍重。人们希望通过这些行为受到老天保佑，获得心灵上的安慰，成功怀孕。

● 【明】 佚名 送子观音图 轴

二、孕育之俗

古汉语当中用来表示怀孕的意思的字词除了"孕",还有"字"。《说文解字》中将"字"解释为"乳也,从子在宀下"。段玉裁在《说文解字注》中解释:"人及鸟生子曰'乳'。""字"是一个会意字,从小篆的字形上看,"字"就像是一个小孩孕育在母体之中。因而,人生子曰"字"。《周易》云:"女子贞不字,十年乃字。"意思就是说这个女子十年之后才怀孕。妇女怀孕,人们也常称为"有喜"了。

在科技不发达的古代,产妇的分娩顺畅与否很可能会影响两条生命的健康,甚至危及生命。妇女怀孕之时,就会特别注意养胎,在生活起居上多加留意,家人对孕妇也会更加照顾。俗话说"一人吃两人饭",孕妇通常要吃富有营养的食物。孕妇的饮食偏好可能会发生改变,民间有"酸儿辣女"之说。

民间流传着诸多妇女怀孕期间的禁忌。为了孕妇和小生命的健康成长,民间形成了饮食上的禁忌:如不能喝酒,不能吃过期的食物和生的海鲜或肉类,避免吃寒凉的食物等。此外,孕妇要尽量处于安静的环境中,避免去人群密集的地方,保持心情的舒畅,避免情绪起伏太大,也不能干重活。

古时候,人们便认识到胎教的重要性。贾谊在《新书·胎教》中写道:"周妃后妊成王于身,立而不跛,坐而不差,笑而不喧,独处不倨,虽怒不骂,胎教之谓也。"❶妇女在怀孕期间要尽量言行端正、稳定情绪、保持好的道德修养、不与人争吵,为肚子里的宝

❶(汉)贾谊:《新书》,商务印书馆,1937,第106-107页。

宝提供良好的生长环境。

　　孕妇生产在民间俗称"临盆"。因为古时候，产妇坐在盆上分娩，故将"临盆"代指生产。民间普遍存在着"催生礼仪"，即产妇临盆前一段时间，女方父母携带一些礼物还有为婴儿准备的衣物、用品到女儿家去，希望女儿顺利生产。各地区的"催生礼"各具特色，有鸡蛋、鸡鸭、面条、点心等。此外，民间还有祭拜催生娘娘的习俗，催生娘娘是保佑孕妇顺利生产的神灵。古代的医疗水平不发达，孕妇分娩可能遭遇生命危险，家人通过祈祷，希望产妇顺利度过分娩的"鬼门关"。

　　产妇生完孩子之后，身体较为虚弱，需要静养休息，调理身体，人们把这段时间叫作"坐月子"❶。在我国传统观念里，这段时间如果没有留意，产妇和孩子容易落下病根。因而人们根据长久以来积累的生活经验，形成了一些坐月子的禁忌。比如坐月子期间不能接触凉水、吹凉风，要多穿衣服以免受寒。饮食也要节制，不能吃得太饱。同样，也不能干重活，以免损害身体。家人会买来老母鸡、鱼、肉等食物，给产妇补充营养。产妇坐月子期间的禁忌，反映出人们对于产妇的关心和体谅。随着时代的发展，人们关于坐月子的观念已经有了很多改变，变得更加科学与健康，摒弃了很多不好的习惯，但是坐月子的习俗在中国一直存在。

❶ 妇女生育孩子是一个复杂的过程，在这个过程中，产妇身体顺应内外环境，其各大系统、调节体系及生殖器官均自然地发生了很多改变。在产妇分娩后，其各个系统顺应自然，经过一系列的变化，恢复到原来的非孕状态，这个生理变化大约需要42天，称为产褥期。产妇通常在这段时间里"坐月子"以恢复身体机能和预防产后病。

三、诞生之礼

婴儿是世间纯洁、美好的象征。在老子的《道德经》中,婴儿通常被用来比喻有深厚修养的人,第五十五章云:"含德之厚,比于赤子。蜂虿虺蛇不螫,猛兽不据,攫鸟不搏。骨弱筋柔而握固。未知牝牡之合而全作,精之至也。终日号而不嗄,和之至也。"在老子眼中,婴儿是纯真柔和、精气十足的。

小生命的到来对于家庭来说是一件极其欢喜的事情。人们殷切地希望将家中增添新成员的消息广泛告知亲朋好友。《礼记·内则》云:"子生,男子设弧于门左,女子设帨于门右。"❶ 生了男孩就在门的左边挂上弓箭,生了女孩就在门的右边挂上手绢儿。这是向外界传递生男生女的一种方式。

生男生女在古代有专门的称呼。《诗经·小雅·斯干》载:"乃生男子,载寝之床,载衣之裳,载弄之璋。其泣喤喤,朱芾斯皇,室家君王。乃生女子,载寝之地,载衣之裼,载弄之瓦。无非无仪,唯酒食是议,无父母诒罹。"❷ 意思是,如果生了男孩,就让他睡在床上,穿华美的衣服,给他精美的玉璋玩弄;如果生了女孩,就让她睡在地上,包在襁褓里,给她玩纺锤。"弄璋""弄瓦"于是成为生儿生女的代称。"璋"是一种玉器。《礼记》中有"君子无故,玉不去身"的说法,玉象征着高洁的品行,人们常用"温润如玉"来形容谦谦君子。"弄璋"这一称呼表达出家中长辈对男孩长大之后"成器",贵为王侯的厚望。"瓦"指的是纺锤,希望女孩子以后能成为做家务的

❶(清)孙希旦:《礼记集解》,沈啸寰、王星贤点校,中华书局,1989,第761页。

❷祝秀权:《诗经正义 中册》,生活·读书·新知三联书店,2020,第492-493页。

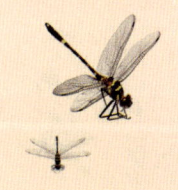

① "洗三"过程中,除了洗澡之外,前来祝贺的亲友拿银钱、喜果之类的东西,往孩子洗澡盆里搁,叫作"添盆"。洗婆根据亲友所投物品不同,口念不同的吉祥话。若搁枣儿、栗子,就说"早立子儿";若搁莲子,就说"连生贵子"。洗完后,有的还用葱在孩子身上拍打三下,取聪(葱)明伶俐之意。

能手。庆贺生了男孩,称为弄璋之喜;庆贺生了女孩,称为弄瓦之喜。

诞生礼仪中重要的日子主要有三朝、满月、百日、周岁。婴儿降生之后,家里往往会分发红鸡蛋给亲友。婴儿降生的第三天一般要向亲朋好友、邻里乡亲报喜,并给婴儿洗澡,称为"洗三朝"或者"洗三"①,多由老年妇女为婴儿擦身,有些地方会在"洗三"用的水中加入艾草、花椒、八角等,认为这样可以去除污秽,防御疾病。

一般来说小孩满月、百天、周岁,家庭都会宴请亲朋好友,举行庆祝仪式。长辈们会赠送小孩儿用的衣物和玩具,亲朋好友送新生儿长命锁等礼物。除了喝满月酒,满月时还有"剃头礼",即为婴儿剃胎发。这是婴儿开启人生之旅后第一次剃头,在许多地方都是由舅舅来主持。有的人家会将婴儿的胎发保留,甚至做成毛笔等物品留念。此外,流行的还有"移窠"的习俗。"窠"就是窝的意思。婴儿刚出生不久不能随意走动,始终处于长辈的细心呵护之下。等到满月之后,婴儿就可以出家门,去别处走动。满月这天,父母会抱着小孩四处走动,兜圈逛街,以此增加婴儿的胆量。

婴儿满一百天时举行的庆祝仪式,称"百日",又叫"百禄""百晬"。婴儿百天时,还有穿百家衣、挂百家锁、吃百家饭的习俗,象征着孩子受百家呵护,可保平安,长命百岁。孩子受到众人的呵护,寓意着亲友对小孩儿的祝福。

幼儿周岁生日,除办酒席之外,还有一项流传至

今的活动——抓周[1]。《东京梦华录》中载："生子百日，置会，谓之百晬。至来岁生日，谓之周晬，罗列盘盏于地，盛果木、饮食、官诰、笔砚、算秤及经卷、针线应用之物，观其所先拈者，以为征兆，谓之试晬。此小儿之盛礼也。"抓周是预卜幼儿未来前程的一个小测试，旨在看小孩儿的兴趣和天赋所在。小孩梳妆打扮好之后，在其面前摆放食物、算盘、文房四宝、书等物品，任小孩儿去选，他第一个抓到的东西就象征着他以后的志向。算盘代表着以后有经商的头脑，文房四宝和书意味着小孩儿以后会读书等。不论孩子抓到什么东西，人们都会往好的方面去解释。从求子到庆生这一系列的习俗，都体现出中国人对于家庭和子孙后代的重视。孩子作为家族的继承人，长辈们对其寄予成长成才的期望与美好祝愿。

一整套诞生礼仪中，有一项不可或缺的环节就是取名。人们认为名字与小孩儿的前途、命运有关。名字里通常蕴含着父母、亲人对小孩儿的美好祝愿。除了正式的名字，父母通常也会为小孩儿取小名。古时候小孩的存活率不高，因而父母可能给孩子取"贱名"，以祈求孩子的平安。此外，还有的小名是根据生肖、出生的日期等而取的，比如小牛、阿兔、阿三等。

诞日习俗是人降临于世接受的首项礼仪，是生命开始的礼节。从求子到孕育再到降生，新生命的降临普遍受到社会的重视，父母孕育小孩十分辛劳。《诗经·小雅·蓼莪》[2]中便真切地表达了对于父母生养之恩的感叹。

[1] 抓周在古代也称为"试儿"，北齐颜之推在《颜氏家训》中记载："江南风俗，儿生一期，为制新衣，盥浴装饰，男则用弓矢纸笔，女则用刀尺针缕，并加饮食之物，及珍宝服玩，置之儿前，观其发意所取，以验贪廉愚智，名之为试儿。"

[2] 李家声：《诗经全译全评》，商务印书馆国际有限公司，2019，第335页。

蓼蓼者莪，匪莪伊蒿。哀哀父母，生我劬劳。

蓼蓼者莪，匪莪伊蔚。哀哀父母，生我劳瘁。

瓶之罄矣，维罍之耻。鲜民之生，不如死之久矣。无父何怙？无母何恃？出则衔恤，入则靡至。

父兮生我，母兮鞠我。抚我畜我，长我育我。顾我复我，出入腹我。欲报之德，昊天罔极。

南山烈烈，飘风发发。民莫不穀，我独何害？南山律律，飘风弗弗。民莫不穀，我独不卒。

第二节 成年习俗

成年礼仪是承认年轻人具有进入社会的能力和资格而举行的人生仪式，标志着少年已成长为成年人。早在原始社会，先民们就通过各种途径考验成年的部落成员，判断其是否能够承担起氏族的责任，通过考核的成员可能会被赋予某种象征成年的标志，从而参与更多的公共活动。成年男子被称为"丁男"，成年女子为"丁女"。在古代，冠礼属于嘉礼，曾被视为"礼之始"，是可以婚娶的标志。男子二十岁举行冠礼，女子十五岁举行笄礼，完成成年礼意味着要承担

起社会责任，成年礼是对成年人的一种教诲和期望。《仪礼》将《士冠礼》作为全书的首卷，可见成年礼在古人心目中的突出地位。

在古代，成年礼的主要内容是对外貌进行改变，如发饰、衣着，以及称呼上的变化，即"取字"。在古诗文中，我们常常可见"垂髫""总角"代指小孩。《桃花源记》云："黄发垂髫，并怡然自乐。"小孩子不束发，头发下垂，因而"垂髫"代指童年。《诗经·卫风·氓》载："总角之宴，言笑晏晏。"小孩子把头发扎成一对，形状像两个牛角，故把"总角"指代少年。不同的是，"垂髫"一般指的是三四岁到八九岁的儿童，而"总角"一般指八九岁到十三四岁的少年。男子到了十五岁，就要"束发"了。改变发饰则表示长大成人。在古代社会，成年礼有男女之别和阶层之分。

一、冠礼

冠礼有着一套复杂的流程，大致分为冠礼前的准备和正式举行的冠礼仪式。冠礼正式开始之前，首先要通过占卜的方式选定举行冠礼的黄道吉日。冠礼吉日的占卜仪式在祖庙门前举行。计算出举行冠礼的日子后，提前三天将日期告诉宾客，邀请亲朋好友作为冠礼的见证人，并从中挑选一位德高望重的好友作为正宾。

正式的加冠礼节一共有三次，所加之冠依次为缁布冠、皮弁、爵弁，三次所加之冠，材质不同、寓意不同，一次比一次尊贵，寄予着长辈对成年男子德行

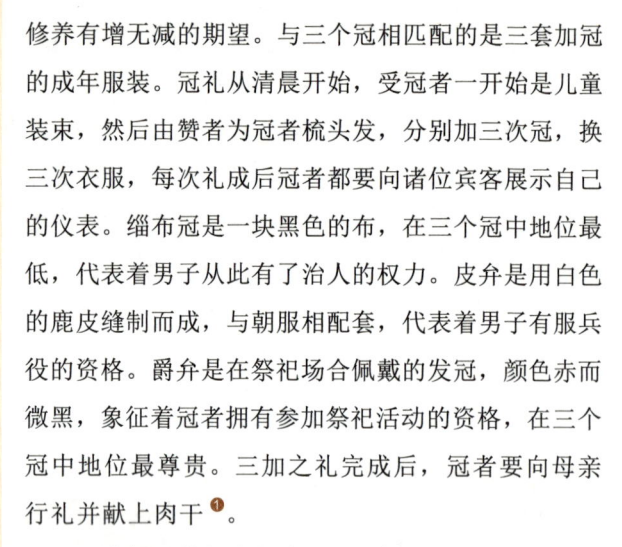

修养有增无减的期望。与三个冠相匹配的是三套加冠的成年服装。冠礼从清晨开始,受冠者一开始是儿童装束,然后由赞者为冠者梳头发,分别加三次冠,换三次衣服,每次礼成后冠者都要向诸位宾客展示自己的仪表。缁布冠是一块黑色的布,在三个冠中地位最低,代表着男子从此有了治人的权力。皮弁是用白色的鹿皮缝制而成,与朝服相配套,代表着男子有服兵役的资格。爵弁是在祭祀场合佩戴的发冠,颜色赤而微黑,象征着冠者拥有参加祭祀活动的资格,在三个冠中地位最尊贵。三加之礼完成后,冠者要向母亲行礼并献上肉干❶。

三次加冠的仪式完成之后,就到了"取字"的环节。《礼记》记载:"男子二十,冠而字。"冠礼后,还要由父辈或者其他长辈取字。取了字之后,朋友同辈之间便以字相称,只有在父辈和君主面前才能称名。《仪礼》中解释取字的意义:"冠而字之,敬其名也。"敬重父母所取之名,因而取字,以便他人称呼。男子从此有了治人的权利、服兵役的义务和参加祭祀活动的资格。

"取字"结束后,再与兄弟、赞者互拜。接着出庙门、入寝门,像见到母亲一样对姑姑、姐姐行礼。接着再去拜见卿大夫、乡先生。仪式结束后,男子就有了结婚、为人父的权力了。

二、笄礼

《仪礼·士昏礼》云:"女子许嫁,笄而礼之,

---

❶ 我国古代贵族男子加冠之后,戴冠就成为一种重要的礼仪,正式场合如果不戴冠是一种失礼的行为。《史记》中记载,汉武帝见卫青等大将时,可以衣冠不整,而见汲黯时一定会冠冕齐备。有一次汉武帝未戴冠,望见汲黯前来奏事,竟然躲进了帷帐之中。

称字。"这说明女子的成年礼与婚姻密切联系,许嫁之后,便为女子举行笄礼。女方家庭接受古代婚礼流程"六礼"中的纳征礼就完成了许嫁,女子许嫁的年龄一般在 15～19 岁。如果女子迟迟未订婚,最晚在 20 岁之前也要举行笄礼。女子没有许嫁而举行的笄礼,则简略得多,通常由家中的妇女主持,也不邀请正宾。未许嫁的姑娘,在举行笄礼之后,仍然作未成年打扮。

● 【宋】 玉笄 [1]

女子的笄礼与男子的冠礼流程有很多相似之处,女子的笄礼同样要加三次。三加之后,女子同男子一样都要取"字"。《说文解字》中解释:"笄,簪也。"女孩同男孩一样,在成年之前都不束发。举行及笄礼的时候,由家长将女孩的头发盘起来,绾成一个髻,插上一根簪子,固定发型。笄礼也成了女孩可以嫁人的标志。笄礼仪式外,女子还要进行婚前家庭事务的"培训"。在古代,女子的笄礼往往从属于婚姻,因而,有学者得出"笄礼不是女性的成年,许嫁结婚才是妇女的成年"的结论 [2]。

[1] 女子的成年礼称为"笄礼",举行笄礼时,女子需盘发,并以笄固定发型。

[2] 焦杰:《试论先秦冠礼和笄礼的象征意义》,《南开学报(哲学社会科学版)》2011 年第 4 期。

虽然古代男子和女子的成年礼在规模和流程上有不同,但都有易服、取字的环节。而富贵人家的成年礼和普通百姓的成年礼亦差距悬殊。

到了现代,我国法律规定年满18周岁为成年人,可以拥有政治上的选举权和被选举权,要承担更多社会责任,不再享受《中华人民共和国未成年人保护法》的保护。而古代汉族盛行的成年礼仪式已经很少见到,很多家庭将成年礼简化或者不再特意为孩子举行成年礼,多由学校举办集体的成年仪式活动,或者由家庭的酒席宴会庆祝取代传统的冠礼仪式。

古人云"不学礼,无以立",成人礼是对青少年成人身份的一种社会认同,人们在享受成年人权利的同时,也意味着要比以前承担更多的义务和责任。总之,成年礼可以帮助刚刚成年的青年适应社会角色的转变,实现社会角色的认同。

第三节 婚姻习俗

《周易·序卦》云:"有天地然后有万物,有万物然后有男女。有男女然后有夫妇,有夫妇然后有父子。有父子然后有君臣……"家庭是社会的细胞,夫妻关系是家庭关系中至关重要的一环,是其他人际关系的重要基础。婚姻是人生大事,是迈入人生新阶段的标志和获取新的社会地位的途径。因而,婚姻对个人和社会都意义深远。

一、婚姻的渊源

人类的婚姻文化内容主要包括婚姻形态和婚姻仪式两部分。中国人婚姻形态的发展演变经历了一个不断完善与成熟的过程,并且与人类社会历史的发展进程相互依赖、相互影响。

原始社会族群内部最初是杂乱的群婚。随着社会的发展,婚配的范围受到越来越严格的血缘关系制约,婚姻范围逐渐限定在氏族内部同一辈分的兄弟姐妹,即班辈婚。伴随着母系氏族社会的形成、族群的观念的产生,族外婚确定了下来,氏族内部的男子集体出嫁到另一氏族,与异族的女子成婚,但这一时期的婚姻关系仍然是松散的,不稳定的。后来,人们渐渐有了相对固定的配偶,婚姻形态也就发展成对偶婚。

在母系氏族社会中,人们往往"只知其母,不知其父"。从中国早期诗歌和神话中可以窥见一斑。《诗经·商颂·玄鸟》云:"天命玄鸟,降而生商。"简狄吞食玄鸟之卵,生下商族的祖先契;周人始祖母姜嫄,践"巨人迹"感而生弃。我们从中可以得知商、周的始祖母而不知始祖父。从现存的女字旁的姓氏中,我们仍然可以看出母系氏族社会的历史痕迹。人类进入父系氏族社会后,血缘关系便按照父系家族来计算,婚姻形态渐渐演变为今天的一夫一妻制。

❶ 五礼包括吉礼、凶礼、军礼、宾礼、嘉礼。

和婚姻密切联系的是婚礼习俗,中国素有礼仪之邦的美称,在人生的关键节点上往往有相应的庆祝仪式。婚礼属于"五礼"❶中的嘉礼,衍生出一系列影响深远的仪式和习俗。

❶ 吕思勉：《中国通史》，北京联合出版公司，2020，第12页。

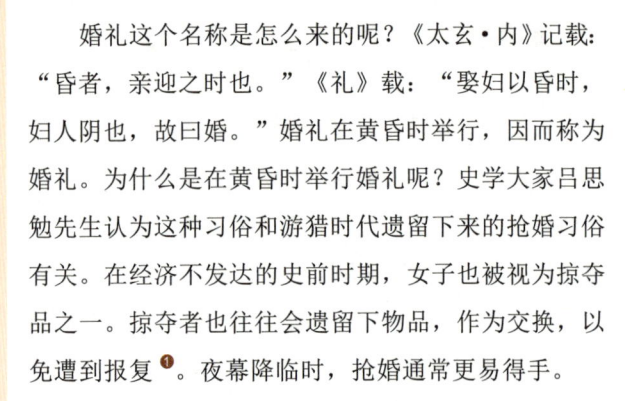

婚礼这个名称是怎么来的呢？《太玄·内》记载："昏者，亲迎之时也。"《礼》载："娶妇以昏时，妇人阴也，故曰婚。"婚礼在黄昏时举行，因而称为婚礼。为什么是在黄昏时举行婚礼呢？史学大家吕思勉先生认为这种习俗和游猎时代遗留下来的抢婚习俗有关。在经济不发达的史前时期，女子也被视为掠夺品之一。掠夺者也往往会遗留下物品，作为交换，以免遭到报复❶。夜幕降临时，抢婚通常更易得手。

随着历史的推进，衍生出与社会制度相适应的婚姻规约。由于周代分封制和宗法制的完善，形成了"同姓不婚"的规定。《左传》云："男女同姓，其生不蕃。"意为如果同姓男女结为夫妻，那么他们的子女会不昌盛，强调的就是同姓结婚的恶果。大家耳熟能详的成语"秦晋之好"，讲的是春秋时期秦国、晋国两姓世代联姻的故事，秦晋两国世代联姻的基础之一就是两国一个是嬴姓，另一个是姬姓。

其实，统治者早早就意识到只有家庭美满、人口充实，国家才会兴盛。汉惠帝时曾通过税收手段刺激"剩男""剩女"缔结婚姻，十五岁到三十岁未嫁女子就要按照年龄分五等加征税额。随之，与婚礼相关的婚宴风俗也受到了统治者的重视。《汉书·宣帝纪》云："夫婚姻之礼，人伦之大者也；酒食之会，所以行礼乐也。今郡国二千石或擅为苛禁，禁民嫁娶不得具酒食相贺召。由是废乡党之礼，令民亡所乐，非所以导民也。"结婚是人生的重要节点，宴请亲朋好友，酒食奏乐乃人之常情。连皇帝也明确认同婚礼宴饮的社会教化功能，否定地方禁止嫁娶时宴饮的苛刻禁令，

可见民风民俗影响之大。因而，了解中国婚姻形态和相关习俗的历史对于理解中国的传统文化有着非凡的意义。

二、古代婚仪的六礼

古代婚姻礼仪有着悠久的传统。其中一个重要原则就是"父母之命，媒妁之言"。《诗经·齐风·南山》云："析薪如之何？匪斧不克。取妻如之何？匪媒不得。"❶ 请媒，这一特殊的文化传统延续千年，盛行不衰。在社交范围有限、信息交通不便的古代，媒人作为沟通男女双方的中介、婚姻合法性的见证人，起着不容忽视的作用，贯穿着中国传统婚礼流程的始终。

古代婚姻仪式有"三书六礼"之说。"三书"指聘书（双方缔结婚约，纳吉时使用）、礼书（彩礼清单，纳征时使用）和迎亲书（迎娶新娘，即亲迎时使用）。古代婚礼大致分为六个流程，称为"六礼"，分别是纳采、问名、纳吉、纳征、请期、亲迎。

（一）纳采

纳采也就是现在大家通常所说的"提亲"。男方家庭先请媒人到女方家里表达婚娶的意愿，待到女方家庭同意，男方便提大雁到女方家中求婚，商量婚事。

（二）问名

求婚仪式的下一步便是问名 ❷，即"合八字"，或者叫"换庚帖"。古人的出生年月日时都用天干地

❶ 用伐薪以斧头为媒介的生活经验比喻结婚娶妻应请媒的礼俗。

❷ 到了隋唐之后，"六礼"有所简化，纳采和问名合并为一步，同时进行。

支来表示，一共八个字，故称作"生辰八字"。男方派遣使者询问女方的姓名、籍贯、属相和生辰八字，用以占卜吉凶。在重视阴阳五行和宗法血缘的古代社会，男女双方八字是否契合被认为是给家族带来祸福吉凶的重要依据。民间通婚忌讳生肖相克，如"龙虎两相斗""白马畏青牛"等。这一流程中，使者同样需要携带大雁作为礼物前往女方家。

（三）纳吉

男方拿着双方的生辰信息进行占卜，如果结果是"吉"，便携带大雁为礼，将占卜的好结果告诉女方家庭，这就是纳吉。纳吉也就相当于现在的"订婚"❶。如果占卜结果不吉，八字相克，则意味着男女双方结婚后可能会给家庭带来不利影响，因而双方可以终止婚娶的仪式。

（四）纳征

纳征也叫纳币。男方用精美的箱子装好彩礼，派仆人、保镖护送至女方家。女方也要给予一定的回礼，通常将男方带来的全部或部分食物送还，或者送与男方一些衣物。这也是六个流程中唯一一个用不到大雁的环节。

（五）请期

请期即商定举行婚礼的日期。通常由男方家庭测算出黄道吉日，再告知女方，得到女方同意后，从而确定最终的结婚日期。男方携带的礼物依然是大雁。

❶ 纳吉之后，男女双方的婚姻关系就算是确定了，不得随意中止婚约。之后逢年过节时，男方需给女方家中送礼。

（六）亲迎

亲迎是婚礼流程中最重要也是最热闹的环节。前面五项都是"亲迎"的准备活动，都是由他人操办，只有到了最后一项，新郎、新娘才能相见，才算是真正完成婚礼的流程，正式结为夫妻。婚礼的这天，男女双方着婚服，梳妆打扮。男方来女方家迎娶女方，吹礼奏乐，宴请亲朋好友。《诗经·国风·桃夭》云："桃之夭夭，灼灼其华。之子于归，宜其室家。"渲染的就是女子出嫁喜气洋洋的氛围，表达出人们对美好婚姻生活的向往和期盼。

婚礼中，双方拜堂成亲，行合卺之礼。拜堂之"三拜"指的是"一拜天地，二拜高堂，夫妻对拜"[1]。之后，送入洞房，新郎亲自为新娘掀盖头。《礼记·昏义》记载，夫妇"共牢而食，合卺而酳"。牢是指祭祀的牲畜，夫妻共吃一份，是为共牢。卺是古代婚礼中用作酒器的瓠。瓠一分为二，男女双方各执一半。合卺就是夫妻二人交换酒杯，并不是现代古装电视剧中出演的夫妻相互挽着胳膊而饮喜酒。瓠是带有苦味的，寓意着夫妻二人从此同甘共苦。后来瓠亦可以由酒杯代替。礼毕后，新娘新郎就正式结为夫妻，就可以洞房花烛夜了。

六礼的进程中，除了纳征，其他五项活动男方都会用到大雁。之所以以雁为礼，有不同的说法。其一，《仪礼·士昏礼》言"取其顺阴阳往来"之意；其二，大雁随季节变化而按时南渡北归，象征男子不会失时、失信于女子；其三，大雁飞行时往往成行成列，象征着长幼有序，不逾越规矩；其四，婚礼不用死雉，所

[1]《世说新语》中有一则关于拜堂的记载："王浑后妻，琅邪颜氏女。王时为徐州刺史，交礼拜讫，王将答拜，观者咸曰：'王侯州将，新妇州民，恐无由答拜。'王乃止。武子以其父不答拜，不成礼，恐非夫妇；不为之拜，谓为'颜妾'。颜氏耻之。以其门贵，终不敢离。"

以使用雁。

●【明】 玉"英雄"合卺杯❶

❶ 合卺杯在古代为男女大婚时喝交杯酒所用。

❷ 回门在古代又叫"归宁",回门的时间大多为婚后第三天,有些地方是第六天、第九天或满月。

中国人重视宗法血缘,希望婚姻得到家族的认可。婚后第三天,新郎需陪新娘回娘家小住,称为"回门"❷。"六礼"程序结束后,婚后三个月男方带着妻子到家庙中拜见先祖,称为"庙见",婚礼至此才算正式结束。

三、现代婚礼习俗

随着生活节奏的加快,现代社会的婚礼简化了许多仪式,但其中也保留着些许古时的痕迹。在流程上,由古代的"六礼"简化为订婚、结婚两个主要步骤。

在服饰上,女方多穿婚纱,男方穿西装,当然也有很多新人准备两套礼服,一套中国传统婚服,一套西服。婚礼前几天,男女双方会精心布置房间,在墙上贴大红"囍"字,备好崭新的被褥。不同于古代黄昏举行婚礼,现在的婚礼活动往往早上就开始了,男

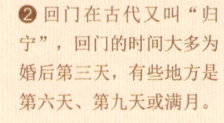

方带着亲友团来女方家中迎亲时,女方好友亲戚要堵住门不让新郎进来。通常新郎要给女方娘家人红包,女方亲朋才会打开门让新郎进来。有时,娘家人会藏新娘的部分衣物,比如鞋子,以此作为向新郎讨要红包的理由。

现代婚礼越来越多元和富有趣味,可以请司仪主持婚礼仪式,播放新人的小视频等。婚礼的酒席宴请亲朋宾客,亲朋好友通常也会包红包,称为"份子钱",作为对新人表达祝福的一种方式。在婚礼仪式上,新郎新娘喝交杯酒,交换戒指,表示从此永结同心。新人共同切蛋糕、吃蛋糕,代替了以前的共牢而食的习俗。酒席上还会给宾客发放喜糖,祝愿生活甜甜蜜蜜。婚礼结束后,有的夫妻会选择旅行度蜜月,享受一段婚后的美好时光。

值得一提的是,在现代社会中国人尤其重视结婚纪念日,夫妻双方在逢五、逢十的周年纪念日里往往会庆祝一番,共同回忆结婚时的美好岁月。根据结婚的时长,结婚纪念日也有对应的雅称,第一年为纸婚,第十年为锡婚,第十五年为水晶婚,第二十年为瓷婚,第二十五年为银婚,第三十年为珍珠婚,第三十五年为珊瑚婚,第四十年为红宝石婚,第四十五年为蓝宝石婚,第五十年为金婚,第五十五年为翡翠婚,第六十年为钻石婚。结婚纪念日文化蕴含着人们对"执子之手,与子偕老"的美好愿景和过往岁月的脉脉温情。

◎趣味故事

相传结婚贴大红"囍"字的习俗和北宋著名的政治家、文学家王安石有关。王安石在进京赶考的路途中路过马家镇,看到马员外的家门口挂着一个走马灯,上面有一副对联。

上联是"走马灯,灯走马,灯熄马停步"。王安石注意到了这个对联,但是因为忙着进京赶考没有来得及作答。

考场上,考官出对子"飞虎旗,旗飞虎,旗卷虎藏身"考王安石,王安石记性好,不假思索地说出"走马灯,灯走马,灯熄马停步",立刻得到了主考官的赞赏。王安石高中进士后,回乡途中再次经过这户人家,便以"飞虎旗,旗飞虎,旗卷虎藏身"对之。文采飞扬,英俊潇洒的青年王安石,深受千金小姐的钦慕,二人由此结缘成为夫妻。

人生有四大喜事,"久旱逢甘露、他乡遇故知、洞房花烛夜、金榜题名时",王安石一下子就占了两个。于是他大笔一挥,红纸上写了一个双喜字,令仆人贴到窗上,寓意双喜临门。结婚贴大红"囍"字的习俗便传播开来,成为美谈,延续至今。

◇延伸阅读

从古至今流传着许多言辞优美、意蕴深远的有关婚姻的诗文,下面摘录著名的几篇供欣赏。

鸳鸯于飞，毕之罗之。
君子万年，福禄宜之。
鸳鸯在梁，戢其左翼。
君子万年，宜其遐福。
乘马在厩，摧之秣之。
君子万年，福禄艾之。
乘马在厩，秣之摧之。
君子万年，福禄绥之。

——《诗经·小雅·鸳鸯》❶

结发为夫妻，恩爱两不疑。
欢娱在今夕，嬿婉及良时。
征夫怀往路，起视夜何其。
参辰皆已没，去去从此辞。
行役在战场，相见未有期。
握手一长叹，泪为生别滋。
努力爱春华，莫忘欢乐时。
生当复来归，死当长相思。

——苏武《留别妻》❷

第四节 祝寿习俗

追求长寿是人们长久以来的心愿。为老人祝寿的寿诞礼由来已久。《尚书·洪范》中的"五福"，以"寿"为首。这里所说的"五福"，"一曰寿，二曰富，

❶ 祝秀权：《诗经正义 中册》，生活·读书·新知三联书店，2020，第596页。

❷（清）魏源：《老子本义·净土四经·诗比兴笺》，岳麓书社，2011，第270页。

三曰康宁，四曰攸好德，五曰考终命"。人们将"寿"摆在五福之首，可见"寿"在中国人心中的突出地位。中国人重视生命，长寿健康是人们的普遍追求。为家中老人祝寿是由来已久的传统，这不仅是表达自己的孝心和对老人的爱戴，更是对老人情感上的深切关怀。

一、寿的称呼与敬老传统

《庄子·逍遥游》："上古有大椿者，以八千岁为春，八千岁为秋。""椿"往往被用来比喻长寿、高龄。"萱"即萱草，后来成为母亲的代称。"椿萱"便被用来比喻父母。为男性祝寿称作"椿寿"，为女性祝寿则称"萱寿"。在古代，寿分上中下三个级别，一百岁是上寿，八十岁是中寿，六十岁是下寿。中国人重视整数，现代人逢十周年一般就过大生日。《论语》云："三十而立，四十而不惑，五十而知天命，六十而耳顺，七十而从心所欲，不逾矩。"六十称为"花甲"，七十叫"古稀"，八九十岁为"耄耋"，年满一百岁及其以上称为"期颐"。此外，一些特殊的年岁也有专门的称呼，例如七十七岁称为"喜寿"，因为连笔写的七十七像"喜"字；八十岁称为"伞寿"；八十八岁称为"米寿"，因为"八""十""八"合起来是一个"米"字；九十九岁为"白寿"，"白"比"百"字上面少一横，象征着离一百岁差一岁。中青年则一般较少邀请亲朋好友大摆筵席，有"男不三，女不四"之说，即男子三十岁不过生日，女子四十岁不过生日。

"寿星"一词与民间信仰有关,在道教中有"福禄寿"三星,人们常说的"三星高照"就是源于此。人们对于寿星的尊敬来自先民对于宇宙天体的崇拜。寿星的一种说法指的是"角""亢"二星,另一种说法指的是南极老人星,具有长寿内涵而受人崇拜的是南极老人星。寿星掌管人间寿命,唐代司马贞在《史记索隐》载:"寿星,盖南极老人星也,见则天下理安,故祠之以祈福寿。"

南极老人常见的形象是一个额头高高,白发长须,拄着拐杖,手托寿桃的老人。相传寿星受业于元始天尊,学成后师父用聚宝匣敲击寿星的额头,聚宝匣如光电般钻入寿星的额头,寿星因而脑门高,元始天尊还赐给他一根宝杖。民间流行的寿星图里,除了寿星,通常还会画上蝙蝠和小孩子。寿星图像,逐渐与其他象征长寿的民俗意象相结合,寿星手持仙桃、灵芝,或葫芦,拄着拐杖,或与仙鹤、白鹿相伴。寿星图像中体现的是对于生命长久的祈愿与寄托,对于家族兴旺、人丁繁衍的祈求❶。在古代,祝寿一般指的是对老人表达生日祝福,而现在不论年龄大小,过生日的人都可以称为"寿星"。

为老人祝寿与中国尊老敬老的优良传统密不可分,同为孝道的表现。汉代"以孝治天下",有向七十岁以上的老人赠送顶端雕有斑鸠形状的拐杖的规定。《后汉书·礼仪志》记载:"仲秋之月,县道皆案户比民。年始七十者,授之以王杖,铺之糜粥。八十九十,礼有加赐。王杖长九尺,端以鸠鸟为饰。鸠者,不噎之鸟也。欲老人不噎。是月也,祀老人星

❶ 程波涛、孙丽媛:《南极老人星崇拜下的寿星图像传播及其民俗意蕴》,《广州大学学报(社会科学版)》2020年第1期。

● 【宋】 宋人画寿星 轴

于国都南郊老人庙。"在汉代，七十岁以上的老人往往在政治上能够享受一些特殊的待遇，鸠杖成为老人身份地位的象征，是一种荣誉。唐代有千秋节宴会，清代有千叟宴，赏赐给老人酒肉。老人通常是凝聚大家庭的核心人物，是权威的象征，是家族的代表。

二、祝寿习俗

在古代，寿宴对于家庭来说是重要的庆祝活动。举办寿宴前，要提前几天送寿帖给亲朋好友，告知举办宴会的日期。寿帖有一些固定的用语，比如说父亲称为"家严"，母亲称为"家慈""慈母"。古代的寿宴通常会举行三天❶，第一天是家庭小聚，俗称"暖寿"，这一天晚上寿星要祭拜祖宗，然后子孙按照辈分的顺序向寿星跪拜。家中布置好寿堂，为第二天正式的寿宴做好最后的准备工作，寿堂的中央挂着大大的"寿"字或者寿星图。第二天是正式的寿宴仪式，寿星家大摆筵席，宾客满堂，客人们携带寿礼前往寿星家表示祝贺。第三天，寿星家通常会赠送一些礼物给宾客。对于现代家庭来说，如果是遇上老人逢十的大生日，可能会举办场面较大的祝寿宴会，亲朋好友献上精美的礼物，如书法、绘画作品等。届时会有宴会典礼仪式，以及主持致辞。

生日这天，寿星通常要吃长寿面、带壳的鸡蛋、寿桃。面条意味着长寿，鸡蛋寓意着平安。鸡蛋通常要带壳，寿星剥鸡蛋壳代表着剥出好运气。有时人们也会将鸡蛋染成红色，因为红色通常代表着好运。吃

❶《红楼梦》中贾母过八旬大寿，就举办了八天的寿宴，一直从七月二十八日办到八月初五。"二十八日请皇亲驸马王公诸公主郡主王妃国君太君夫人等，二十九日便是阁下都府督镇及诰命等，三十日便是诸官长及诰命并远近亲友及堂客。初一是贾赦的家宴，初二是贾政，初三是贾珍贾琏，初四是贾府中长幼大小共凑的家宴。初五日是赖大林之孝等家下管事人等共凑一日。"

长寿面的习俗，相传和汉武帝有关。一日，汉武帝与群臣讨论寿命长短，武帝说："《相书》里谈到人中一寸，寿当百岁。"东方朔听了哈哈大笑，其他大臣指责东方朔对皇上不敬。东方朔赶忙解释自己不是笑皇上，而是在笑彭祖："彭祖寿八百岁，人中就得有八寸，他的脸多长啊。"脸和面含义相似，因而面长就有了长寿的寓意。"脸面"的"面"和"面条"的"面"是同一个字，生日当天吃面条的习俗从此也就逐渐流传开来。长寿面以一根一碗为佳，寿星在吃的时候也尽量不要咬断。直到现在很多地方仍然保留着寿星家庭挨家挨户分发面条、茶叶蛋、寿饼给邻居和老家的乡亲们为寿星庆生的风俗。老人六十六岁生日是很特别的。数字六十六，象征着六六大顺，寿星过生日时要吃女儿送的肉，肉要切成六十六块。民间流传着"六十六，不死掉块肉"的说法，吃上女儿送的六十六块肉就能保平安❶。

寿宴，古称"桃觞"。"桃"指寿桃，"觞"是酒器。"桃觞"就是在寿宴上举杯庆祝的意思。一般寿宴由子孙为老人筹办，准备酒、肉、茶、寿糕、寿桃等。在寿宴上，长辈生日，子孙都要向寿星祝酒，祝福老人福寿延绵、长命百岁。寿星的儿孙也要向宾客敬酒，感谢他们为老人庆生。寿宴上的祝福语多表示希望老人能够健康长寿，永享天伦之乐，例如"福如东海，寿比南山""日月同辉，春秋不老""身体健康，万事如意""日月昌明，松鹤长春""笑口常开，天伦永享"。现代人的寿宴上少不了吃生日蛋糕的环节，蛋糕上插的蜡烛通常代表寿星的年龄。家人

❶ 仲富兰：《图说中国人生礼仪》，学林出版社，2018，第308-310页。

们围坐在一起为寿星唱生日歌,拍全家福,一家人其乐融融。

三、生日禁忌

寿诞礼仪中也包含着不少禁忌,尤其是在过诞辰的时间上有所忌讳。民间还有提前一年过寿的习惯,俗称"做九不做十""庆九不庆十",有一种说法是因为"九"与"久"同音,但"十"和"死"的发音接近,不吉利。整十的寿辰日,很多时候并不按照周岁庆贺,而多是根据虚岁年龄过生日,即实际年龄为四十九、五十九、六十九周岁等。

老人说自己的年龄也有忌讳,俗话说"七十三,八十四,阎王不叫自己去"。相传和孔孟的寿命有关,孔子七十三岁去世,孟子活到八十四岁,所以七十三岁和八十四岁被认为是人生的两个坎。因此,被问及年龄时,老人尽量避开这两个岁数,多说或者少说一岁。

此外,民间还忌讳称百岁。人们认为百岁是人的寿命的极限,活到一百岁人就活到头了。即便是正好一百岁也会称九十九岁或者一百零一岁。这些寿诞数字禁忌其实并没有科学依据,但传达出的是人们对幸福长寿的向往。

人们还普遍认为参加寿宴宜着色彩鲜艳、喜庆的颜色的衣服,忌讳穿全黑、全白的衣服,因为这被认为和丧礼有关,不吉利。

经历千年的传承,寿诞习俗仍然被保留下来,赋

予新的时代内涵，寿宴的形式越来越丰富，还有各种节目表演。我们熟知，老人尤其需要子女的关爱和照顾，为老人做寿宴，对于老人情感上的照顾和安慰是最主要的，意寓着晚辈对老人美好的祝福，老人享受天伦之乐。"老吾老以及人之老，幼吾幼以及人之幼"，诞辰仪式的背后体现的是中华民族尊老、敬老的传统美德。

第五节 丧葬习俗

丧礼，属于五礼中的凶礼，也称"白喜事"，是人生礼仪中的最后一项流程，是安葬、悼念逝者的仪式。古人云："死生亦大矣！"死亡对于个人和家庭而言都是一件极其重大的事件，它标志着生命的结束、肉体的消亡、思想的停止。葬礼与死亡密切相关，一方面形成了悠久的丧服文化与完善的葬礼流程，另一方面由于自然环境、民族文化等因素，产生了如火葬、水葬、土葬、天葬、悬棺葬、墓葬、塔葬等多种埋葬的方式。葬礼是对死者最后的告别仪式，寄托着亲人朋友的哀思与情谊。丧事向来受到儒家学者的重视，《论语·子罕》中有"丧事不敢不勉"。中国人讲究"寿终正寝"，有些年纪大的人在生前就会吩咐家人将棺材准备好。古代帝王往往在即位不久后就开始建造陵墓，一些皇陵的豪华程度宛如一座座地下的宫殿。

关于举行葬礼的目的，华裔人类学家许烺光在其代表作《祖荫下——中国乡村的亲属、人格与社会流

动》中的论述很有代表性：送灵魂早日平安到达灵魂世界；为了灵魂在灵魂世界能够平安舒适；表达亲属悲痛的情感和对死者的依恋之情；保证这次死亡不致引起任何灾难❶。葬礼显然寄托着对死者的哀思，同时生者也期望能够得到祖宗保佑。

　　丧葬习俗在民间世代沿袭，同时也不断注入新内容，适应时代的发展和变迁，丧事的流程和形式朝着简化、环保的方向发展。传统的埋葬方式和具有民族特色的丧葬仪式仍然有所保留。下面主要通过丧葬的服饰、流程、方式等几个方面介绍丧葬习俗。

❶ 许烺光：《祖荫下——中国乡村的亲属、人格与社会流动》，王芃、徐隆德译，南天书局，2001，第132页。

一、孝文化与丧服制度

　　丧葬文化离不开中国的"孝道"思想。孝敬长辈是中华民族的传统美德，深入中国人的骨髓。《论语》中有子❷曰："孝弟也者，其为仁之本与！""仁"为儒家的核心思想，孝悌为仁之本。《庄子·养生主》中曰："缘督以为经，可以保身，可以全生，可以养亲，可以尽年。"庄子同样强调"养亲"，承担起对父母的责任。可见孝文化早在先秦时期就已经深入人心。国人对于孝文化的重视，通过丧葬礼仪形象地体现出来。对于中国人来说，丧葬仪式即是对逝去的亲人表达哀思的一种方式。丧葬民俗文化主要包括丧服、丧葬程序、下葬方式几部分及这套仪式所体现出来的丧葬观念。

❷ 有子：孔子的学生，名若，字子有，鲁人。

　　丧服是人们哀悼死者，在居丧期间所穿的衣服。丧服文化其实早有渊源，唐代经学大家孔颖达在《仪

礼·丧服》疏中对丧服制度的形成过程做出如下的说明:"黄帝之时,朴略尚质,行心丧之礼,终身不变""唐虞之日,淳朴渐亏,虽行心丧,更以三年为限""三王以降,浇伪渐起,故制丧服以表哀情"。《仪礼·丧服》里规定了五等丧服,由重至轻分别是斩衰、齐衰、大功、小功、缌麻,每一等都对应有一定的居丧时间。死者的亲属根据与死者血缘关系的亲疏远近,而穿用不同规格的丧服,以示对死者的哀悼。

斩衰:用生的粗麻布制成,不绞边,断处外露,服期三年,是由儿子、未嫁女为父母,妻子为丈夫,长房长孙为祖父母的丧服。

齐衰:用生的粗麻布制成,断处绞边。孙男女为祖父母服丧一年,重孙为曾祖父母服丧五个月,玄孙为高祖父母服丧三个月。

大功:用熟麻布做成,线比齐衰要细。为伯叔父母、堂兄弟、未嫁堂姊妹服丧九个月。

小功:用较细的熟麻布制成,为从祖父母、堂伯叔父母、未嫁姑祖、堂姑、已嫁堂姊妹、外祖父母、母舅、母姨服丧五个月。

缌麻:用五服中最细的熟麻布做成,为从曾祖父母、族伯叔父母、族兄弟姊妹、表兄弟、岳父母服丧三个月。

儒家推崇守孝三年的礼仪制度。《论语·阳货》中记载了一则孔子和学生宰我关于服丧期的讨论。宰我认为为父母守丧三年时间太长了。孔子感慨地对宰我说道:"子生三年,然后免于父母之怀。夫三年之丧,天下之通丧也。"婴儿从呱呱坠地来到人间至少

有三年时间是在父母的怀抱中长大，父母去世守孝三年，这是天下通行的礼仪。正因如此，儒家强调要为双亲守孝三年，以报答幼儿时的三年之恩。血缘关系越亲近，丧服就越粗糙，服丧的时间就越长。血缘关系越疏远则反之。因而从丧服的差异上就能辨别服丧者和逝者血缘关系的远近亲疏。

"丁忧"是中国古代官员服丧回乡的特殊待遇，入朝为官的官员在父母亡故时，要离职返乡，为父母守孝三年，服丧期间要清心寡欲。某个官员在"丁忧"期间，如果因为朝廷迫切需要而使其仍然任职，则称为"夺情"。"夺情"虽然理由正当，但是出仕的官员容易遭到舆论的强烈批判，被指责为不孝。明代内阁首辅张居正就是在"丁忧"期间被"夺情"，遭到时人诟病。

现代社会的丧服文化较古代的五服有了很大的改变，丧服的颜色以黑白为主。但现在较孝衣使用更为普遍的是头布、黑纱和孝花。服丧期没有严格的规定，由于生活节奏的加快，人们大多完成丧礼仪式就逐渐恢复日常的生活。在举行丧礼时，家属需要披白布穿丧服，但是在工作生活中，人们不便戴白布，于是用黑纱缠臂代替。此外，家中有人去世，头年春节不能贴红色的对联。

二、古代的丧葬风气

西周之前贵族之中普遍流行人殉的做法。人殉是贵族阶级的特权。殉葬之人多为与死者关系亲近之人，

如姬妾、奴婢、近臣等。他们在地下世界侍奉墓主人，让墓主人过着生前一般的生活。俑是古代用来殉葬的人偶。孔子批评道："始作俑者，其无后乎。"这也是"始作俑者"这一成语的来历。以人俑陪葬，尚且遭到孔子的强烈反对，更何况是惨无人道的人殉呢。人殉制度延续到了封建社会后期。

古人认为人死后是去往了另一个世界，所以非常重视丧葬礼仪。在乡土观念浓厚的古代社会，葬礼涉及的不仅是单个的小家庭，更是整个家族。一些大的宗族往往会设立祖庙，放置祖宗牌位和家谱，举办和参与葬礼甚至是邻里乡亲共同的责任和义务。

汉代社会蕴含着厚葬之风。当时流行"赗赠"制度，"赗赠"指的是死者的上司以及亲友赠送大量的钱币帮助丧家办理丧事。汉代的墓葬中经常可见丰厚的陪葬品。厚葬也一度被认为是孝道的表现。当然，厚葬存在铺张浪费的行为，也出现了以厚葬亲人来炫富的不良风气。

《礼记》云："临丧不笑。"人们办丧事时，氛围通常严肃伤感，不能面露喜色，追逐打闹。说话时要尽量避免"死"字，说"老了"或者"走了"。

古时根据死者身份地位不同，人们对"死"的称呼也不同。《礼记·曲礼》载："天子死曰'崩'，诸侯死曰'薨'，大夫曰'卒'，士曰'不禄'，庶人曰'死'。"❶ 关于"死"的委婉说法还有"殁""仙逝""驾鹤西去"，佛教用语有"圆寂""归真""涅槃"，道教徒称"羽化"，"见背"是指长辈去世，如《陈情表》云："生孩六月，慈父见背。""殇

❶（清）孙希旦：《礼记集解》，沈啸寰、王星贤点校，中华书局，1989，第155页。

指的是未成年而死。

三、丧葬的流程

丧葬流程因地区、民族的不同而有差异，总体来看，一般包括临终、沐浴更衣、报丧、守铺、出殡、落葬几个环节。

（一）临终

中国人重视血缘关系。家人生命垂危的时候，即便是远在外地的子孙也要赶回家见至亲最后一面，为亲人送终。直系亲属时刻守护在身边，直到病者停止呼吸的最后一刻。

（二）沐浴更衣

将死者下葬前，要对死者的遗体进行清洗打扮，然后为死者整理仪容。为死者清洗尸体的水是买来的，这一举动也称为"买水"。梳洗之后，为死者换上寿衣，使得死者嘴里含上珠玉、银子、米饭、铜钱等，称为"饭含"。这一过程就是"小殓"。

（三）报丧

家人去世，要及时将消息传达给亲朋好友、邻里乡亲，组织丧礼活动。报丧可以通过亲自上门、打电话、发短信、发讣告等渠道通知亲友。其中讣告是报丧所使用的一种文书，上面记载着亡者的死讯、举行丧礼的时间、地点等消息。除了家属上门报丧或者发

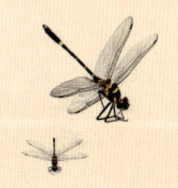

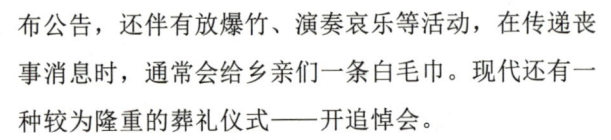

布公告，还伴有放爆竹、演奏哀乐等活动，在传递丧事消息时，通常会给乡亲们一条白毛巾。现代还有一种较为隆重的葬礼仪式——开追悼会。

先秦时期报丧的用语不是"讣"而是"赴"。《仪礼·聘礼》："赴者未至，则哭于巷，哀于馆。"[1]"赴"字突出了快速奔走相告的意思。后来由"赴告"向"讣告"转变。

（四）守铺

死者入棺后，家人要不分昼夜守护在灵柩旁边，称为"守铺"，也叫"守灵"。"守灵"是对亲人尽孝的表现。

（五）出殡与落葬

古时候，灵柩至少要停放三天，然后再落葬。土葬是我国古代最主要的落葬形式，为死者选择一块风水宝地历来受到重视，因为人们认为墓地风水的好坏会影响死者的地下生活以及子孙后代的运势。落葬的那一天，请来乐队敲锣打鼓，演奏哀乐来给死者送丧。与死者的关系越亲近，往往哭得越伤心。还要按照血缘亲疏、长幼尊卑的次序对死者进行跪拜，磕头上香。

葬礼结束之后，人们对于长辈逝去的哀伤之情仍然会延续一段时间。民间流行"做七"，即从死者去世那天算起，每隔七天就要举行一次悼念仪式，一共有七次，第一个七天称为"头七"，七七四十九天才结束，有的家庭会请和尚或者道士来做法事。如今做"七七"的已经不多，但在很多地方依然保留着做"头

---

[1] 黄高飞：《汉字与民俗》，暨南大学出版社，2014，第82页。

七"的风俗。在比较重要的纪念活动中，如死者去世的头年、三年、忌日、清明节、中元节，家人会去祭拜。时至今日，农村地区还普遍存在在大厅摆放死者的遗像，焚香供奉的习俗。

四、丧葬类型

落葬前的流程是为最后一步下葬做准备工作。各地区的人们由于环境、风俗、信仰的差异，形成了对待逝者不同的丧葬方法。

（一）悬棺葬法

悬棺葬法是将棺椁悬置在崖壁峭壁上的一种葬法，一般葬在靠近水边的悬崖上。这种葬法流行于南方的山区。在科技极其不发达的古代，很难想象古人是如何把沉重的棺木放置在百米之高的悬崖峭壁上。江西龙虎山风景区至今仍然可见悬崖上的悬棺❶。

❶ 知名的悬棺遗址，还包括山西省宁武城石门悬棺、四川省宜宾僰人悬棺、武夷山九曲溪悬棺等。

（二）火葬

火葬，即将尸体焚化为骨灰，再将装有骨灰的骨灰盒掩埋。在过去，火葬因为不符合传统的安葬观念，实际使用较为有限。但是火葬的成本低，安葬流程较为方便，在现代社会为民众广泛接受。

（三）水葬

水葬，即将死者的遗体或者骨灰投入水中，使之随波逐流。这种葬法盛行于傍水而居的居民之中。水

葬的具体类型因地域而不同，大致有筏葬式、拆棺葬式、箱葬式、框葬式、石葬式、解肢葬式等葬式❶。

（四）土葬

中国人传统的观念是"入土为安"，因而土葬是我国古代十分普遍的一种葬法。土葬就是将人的遗体装在棺材里，然后把棺材埋入挖好的土坑中，同时会埋葬一些随葬品，或者为一些财物，或者为逝者生前喜爱的物品。西周时期，对于棺椁的使用有严格的规定。天子为九重棺椁，诸侯五重，大夫三重，士两重，平民有棺无椁，葬礼的等级和规模的大小是现实社会等级的反映。

（五）天葬

天葬是藏族人民的一种传统丧葬方式。停尸一段时间后，把尸体送往专门的天葬场，任鹰鸟吞食尸体，以期逝者灵魂升天。

（六）树葬

树葬流行于古代北方少数民族地区。以树的枝干为支架，将装有尸体的棺椁或者包裹好的尸体放置于上。树葬是一种简朴、自然的丧葬方式。

（七）塔葬❷

塔葬是佛教中为高僧举行的葬礼。将僧人的遗体处理完善后，供奉于灵塔内。现在许多的灵塔已经成为历史文物古迹，游客通过参观了解民族文化。

---

❶ 毛世全：《水葬的文化意蕴》，《水利天地》1994年第5期。

❷ 塔葬是中国藏族的葬仪风俗之一，是藏族中最高待遇和最高规格的葬式，又称为灵塔葬。

不同葬式的选择是自然环境、社会因素共同作用的结果。丧礼规模的隆重程度也与死者的社会地位和家庭情况有关。

五、墓葬形制

古人对丧葬文化十分重视,《荀子·礼论》中有"事死如事生""事亡如事存"的记载,透过丧葬文化,我们不仅可以了解古人的丧葬习俗,更可一窥先民的政治、经济、宗教等。"夫墓,死人所居"(《论衡·四讳》),考古学家认为我国已知的最早的墓葬出现在旧石器时代晚期,当时对尸体的处理还十分简单,《周易·系辞下》"古之葬者,厚衣之以薪,葬之中野,不封不树,丧期无数"便是这类现象的反映。随着时代的发展,墓葬的形制也逐渐丰富起来。我国古代的墓葬形制可分为土坑竖穴墓、砖室墓、木椁墓、堆土墓、土洞墓和崖墓等,其中以土坑竖穴墓最为常见。所谓土坑竖穴墓,即从地面垂直下挖出一个土坑,形状多为长方形。早期土坑较浅小,仅能容纳尸身;商周时期已形成带有多条墓道和二层台的复杂土坑墓,这种墓葬还往往凿有腰坑(如商王大墓),显然这时墓葬已具备标志等级和身份的作用。

砖室墓,顾名思义,即用青砖砌筑成墓室,个别还使用榫卯结构,墓顶多为穹顶,很多高级别砖室墓还绘有精美壁画,具有很高的历史、艺术价值。这种墓葬出现于西汉中期,多见于中原和关中地区,到东汉时遍及全国,此后历代都十分流行。

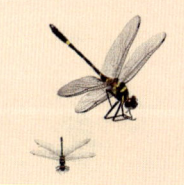

❶ 在棺椁以外用黄心柏木堆垒一圈，"黄肠"就是黄心柏木，"题凑"是在棺椁周围用木头垒起一圈墙，这种葬制专为天子所用，但经天子特许，作为一种荣耀，诸侯王和重臣死后也可以用。

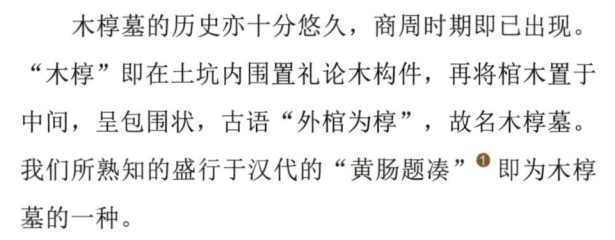

木椁墓的历史亦十分悠久，商周时期即已出现。"木椁"即在土坑内围置礼论木构件，再将棺木置于中间，呈包围状，古语"外棺为椁"，故名木椁墓。我们所熟知的盛行于汉代的"黄肠题凑"❶即为木椁墓的一种。

堆土墓的一个显著特征是没有墓坑，将尸体与陪葬品直接置于地面，取土封埋。这种墓葬多见于我国长江中下游地区，颇具地域特色。学者推测，该种形制与这些地区水网密布，地下水较浅，不易取土挖穴有关。

土洞墓需要先在地上挖出一个土坑作为墓道，然后在墓道的一侧掏出一个洞作为墓室，有些墓室侧旁还开有耳室，一般规模不大。秦汉时期以后，这种墓葬已在我国北方地区广泛流行。

崖墓在我国汉代诸侯王墓中有见，它与我们前述土洞墓颇为相似，一般先在崖壁上开凿出一个洞穴，然后凿出前室、后室、耳室等。著名的河北满城汉墓、江苏徐州北洞山汉墓、广州南越王墓都属于这一形制。

除了以上我们介绍的这些，我国古代的墓葬形制还有很多，如空心砖墓、土墩墓、积石墓等，感兴趣的读者可以阅读相关考古学书籍，做进一步了解。

丧葬礼仪是人生礼仪中关于告别的礼仪。在丧礼中，人们流露出对亲人去世的哀痛。曾子曰："慎终追远，民德归厚矣。"谨慎地对待双亲的去世，追思亲人，有利于社会教化，民心的淳厚。古代的丧葬文化表现出尊卑上下的等级观念，自天子以至于平民的葬礼，不论是规格上还是影响上都极其悬殊，更何况

连死亡的称呼都因社会阶层不同而有区分,葬礼的规模成为身份地位的一种象征。当然丧葬仪式中重要的是蕴含着对死者的追思与敬意以及亲人、朋友真诚思念的情感。子曰:"生,事之以礼;死,葬之以礼,祭之以礼。"在父母生前就以礼侍奉,在父母去世后同样以礼送终。儒家文化中的"孝道"观念是中国传统文化中的重要组成部分,极具社会教化的意义,历经千年,中国人重视血缘亲情、孝敬长辈的核心思想经久不变。此外,随着文明的进步,丧葬制度不断改革,一些不符合现代社会规范的丧葬习俗逐渐被剔除,薄葬的观念越来越深入人心,丧葬的仪式已经简化诸多流程。

总之,人生礼俗作为一种文化载体,具有深刻的内涵和意义,丰富着民众的生活世界,体现着我国民族文化中对于人的生命的重视以及人们之间朴素而深厚的情谊。

"礼"贯穿于人的一生。《论语·八佾》中,学生林放向孔子请教何为"礼之本",孔子回答道:"大哉问!礼,与其奢也,宁俭;丧,与其易也,宁戚。"[1]孔子眼中的礼仪,与其追求形式上的奢华,不如简朴一些,与其在丧礼仪式上一应俱全,不如内心真正的哀伤。显然,"礼"的核心要义不仅仅是形式上的周全,真心、真诚、真情才是"礼"更根本的内涵,徒守"礼"的外在形式,反而会失去"礼"的真正要义。

古代社会,对于礼仪的要求十分细致和完备。由于民风、民情的不同,各地的人生礼俗,各具特色,共性与个性并存。

[1] 杨伯峻译注《论语译注》,中华书局,1958,第24页。

从诞生礼、成年礼、寿诞礼到丧礼，这些是最具代表性的人生礼仪，礼仪文化的背后无不体现着中国人独特的文化情结和丰富的内心世界。诞生礼仪是对新生命诞生的喜悦与祝福，成人礼仪表达的是期盼儿女成长成才、承担起社会责任的殷切心情，寿诞礼仪体现的是对老人的尊敬和守护，丧葬礼仪表达的是对亲人的不舍与对生命的敬畏。古往今来，敬老怀幼一直是中国人的良好品格，成就无数的优秀人格。

在岁月的沉淀中，人生礼仪也在不断被赋予新的时代内涵，在其形式和内容上都有创新，不符合社会发展的内容被剔除，精华被保留下来，滋养着一代又一代人的精神世界。虽然人生礼仪的形式在变化，但仪式背后反映出的人们对于人的生命价值的重视的核心理念一直没有改变。世世代代的中国人，在充满温情的人生礼仪文化的熏陶下度过一生。

第三章

传统节日中的民俗

中国传统节日又称岁时节日，岁时节日有着相对稳定的时间和特定的活动。传统节日是社会实践的产物，中国是一个传统的农业大国，时间、气候对于农业的意义不言而喻，因而中国人自古就重视天文、历法，在长期的生产生活当中，一系列岁时节日应运而生，并且年复一年，周而复始。我国大部分传统岁时节日在先秦就已萌芽，定型于汉代，唐宋时期繁荣发展，明清时期稳定下来。岁时节日体现着祖先对自然规律的深刻把握和对美好生活的追求与期盼，也反映出不同历史时期的社会风貌。

传统节日渗透在大众的日常生活中，潜移默化地影响着我们的习惯和行为，丰富着大众的日常生活。《史记·太史公自序》云："夫春生夏长，秋收冬藏，此天道之大经也。"[1] 在农业生产中，掌握农时，顺应自然尤为重要。中国人做事讲求"天时地利人和"，遇到重要的事情往往会慎重地选择时间。传统节日在传承中发展，在发展中继承。历经千年的演变，一些重要的传统佳节仍然保留了下来，深入民众的生活，同时一些不符合时代要求的习俗也遭到社会的淘汰。

[1]（汉）司马迁：《史记》，中华书局，1959，第3290页。

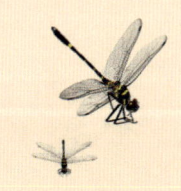

节日的理念在更新，习俗的娱乐性也在加强，而封建迷信的内容在消减。

　　岁时节日既富有民族特色又具有娱乐性，使我们的生活绚丽多彩，并含有丰富的文化内涵和历史意义。了解中国传统节日中的民俗，对于正确认识、继承和发扬中国传统文化具有重要意义。传统佳节早已成为连接中华儿女内心的纽带，增强民族凝聚力和文化认同感的钥匙。随着中国传统节日的"走出去"，在许多国家都能见到中国传统节日的活动，扩大了中华文化的影响力。因此追寻本民族的节日文化，是不能忽视的重要内容。本章主要从传统节日的来源与特点、我国主要的传统节日、现代的节日与节日特征三部分来讲述我国节日中的民俗。

第一节 传统节日的来源与特点

一、传统节日的来源

　　谈到节日，人们首先论及的就是它的时间。岁时节日具有周期性，毋庸置疑，节日的产生离不开天文历法的发展。《尚书·尧典》中记载："乃命羲和❶，钦若昊天，历象日月星辰，敬授民时。"❷上古时期，人们就是通过仰观星辰的变化来辨别时节，指导农业生产的。战国时楚国隐士鹖冠子所作的《鹖冠子·环流》中，对于一年四季的判断有明确的记载："斗柄

❶ 羲和：指羲氏与和氏，世代掌管天文历法。

❷ 樊东：《尚书译注》，上海三联书店，2018，第3页。

东指，天下皆春；斗柄南指，天下皆夏；斗柄西指，天下皆秋；斗柄北指，天下皆冬。"[1] "斗"即北斗七星，七星相连状如长柄汤勺，斗柄指向东方时便是春天，指向南方即是夏天，指向西方即是秋天，指向北方就为冬天。《史记·天官书》云："斗为帝车，运于中央，临制四乡。分阴阳，建四时，均五行，移节度，定诸纪，皆系于斗。"[2] 在司马迁看来，区分阴阳，确立四时、五行、节气、时辰都需要依据北斗七星。祖先们对于星象的了解源自对自然的细致观察，并将由此总结出的天文知识运用到生产生活当中。其中一年四季以及节气的划分为岁时节日的产生提供了时间上的依据。

天文历法的进步是节日产生的前提条件，节日除了有较为稳定的时间，关键的是还有特殊的风俗活动。追溯古代节日的内容，可以发现节日的形成与原始崇拜、神灵信仰和迷信禁忌是不可分离的，原始崇拜可以分为自然崇拜、图腾崇拜和祖宗崇拜等。

（一）自然崇拜

许多国家和地区的早期历史都有对于自然事物的崇拜，古希腊神话中就有太阳神赫利俄斯的传说，夸父逐日的故事也体现了古人对于太阳的崇拜。早期先民不能将自己与自然界的其他事物分别开来，因而人们以质朴的形式表达对天地自然、日月星辰的崇拜和认知，以及对自然现象的敬畏心情。较为常见的就是祭天祭地的活动，由氏族部落里的巫师承担沟通神灵的职责，祭祀天地的习俗在社会进入国家形态后依

---

[1] 沈长云、杨善群：《战国》，上海科学技术文献出版社，2020，第270页。

[2] （汉）司马迁：《史记》，中华书局，1959，第1291页。

然被保留下来，帝王带领诸位大臣北郊祭地，南郊祭天。宇宙自然瞬息万变，大自然对于人们的生活有着不可抵抗的影响力，人们在无法保障基本的生活需求时，就对大自然进行祭祀和祈祷。如对土地神的崇拜，土地是粮食赖以生长的凭靠，在靠天吃饭的时代，人们自然对土地保有深深的敬畏之心，"社日"就是祭祀土地神的活动，分为春社和秋社，春社向土地神祈求丰收，秋社则向土地神表达收获的感激。此外，对于日月、山川、风雨、雷电等祭祀的起源也很早，如人们对于织女星的崇拜，形成了七夕节观星乞巧的活动，而对月亮的崇拜，直接催生了中秋节的赏月习俗。

（二）图腾崇拜

在以采集渔猎为主要生存手段的时代，动植物与人们的生存息息相关，人们把生活环境中随处可见的动植物也当成崇拜的对象。早在母系氏族社会，各氏族会使用某种动植物的图案作为本氏族的标志，这就是图腾的产生。图腾还是一个氏族区别于其他的氏族的标志，是本族的族徽。氏族成员认为自己与图腾具有血缘关系，通过崇拜活动，寻求图腾的庇佑。《诗经·商颂·玄鸟》中云："天命玄鸟，降而生商"，商人的部落图腾就是玄鸟。龙的崇拜是我国普遍的图腾崇拜，中国人经常称自己是"龙的传人"，据说后来端午节龙舟竞渡的习俗就与南方古越族人的龙图腾崇拜密不可分。

（三）祖宗崇拜

祖宗崇拜的出现是较自然崇拜和图腾崇拜进步的标志，因为它标志着人们在一定程度上摆脱了对自然的依赖。子孙后代对祖宗的崇拜是具有鲜明中国特色的文化现象。《说文解字》中对祖宗的"宗"字，解释为"宗，尊祖庙也"。"宗"字上面的"宀"表示屋子，而"示"指代的是神事。在屋子里供奉着神主，这就是祖庙。"宗"字就表示遵奉祖庙。在早期国家的卜辞中有许多关于"示"的记载。后来，儒家对于家庭伦理的重视，把对祖宗的崇拜推向了更高的浪潮，祖宗是神圣和权威的象征。宗庙就是祭祀祖先的地方，修族谱、祭祀祖先的活动历久不衰。古人相信人有灵魂，人死后其灵魂能够对现实生活中的人施加影响，人们还认为祖先生前积累的善恶可能会影响后代子孙。人们期望通过祭祀祖先的方式，报答祖先的恩情，也向祖先祈求保佑家人健康平安，风调雨顺。中国人常说要"光宗耀祖"，给祖上添光，就是出于对于祖宗的血缘情怀。祭祖习俗起到沟通和凝聚家族的作用，成为中国人绵延千年的传统。在清明节、中元节等特殊的节日，人们都会虔诚祭祖。

（四）迷信与禁忌

还有一些传统节日活动则源自古代人们的迷信与禁忌。早期先民们在面对神秘莫测的宇宙时，常常无法解释大自然的奥秘，由此产生崇拜与敬畏的心情，于是衍生出节日习俗中的诸多禁忌。如人们大年初一忌讳倒垃圾，认为会倒掉新年的好运气，过年期间忌

讳打碎东西等。人们抱着趋吉避凶、防患于未然的心态，过年放烟花爆竹、跳傩舞、贴门神、挂桃符；清明节插柳枝；端午节喝雄黄酒、挂艾草、系五彩绳；重阳节插茱萸、登高望远。这些活动都有辟邪祛祸的寓意。此外，古人还根据各种征兆来预测未来，占卜之术由此产生。《周易》云："古者庖牺氏之王天下也，仰则观象于天，俯则观法于地，观鸟兽之文，与地之宜，近取诸身，远取诸物。于是始作八卦，以通神明之德，以类万物之情。"❶在早期国家阶段，如商人几乎到了无事不卜的地步，人们通常用蓍草和龟甲来占卜。古人相信祸福吉凶一定有事先的征兆，通过这些征兆便能预知未来的事情，提前做好应对的措施。于是有七夕节"浮巧针"占卜、中秋节求子的习俗等。迷信与禁忌催生了节日习俗的形成，但随着时代的发展，迷信在节日习俗中的成分在减少，科学的、娱乐性的成分在增加。

二、传统节日形成过程的特点

其一，古代节日习俗的形成不可避免地受到上层统治者的规范。《汉书·地理志》云："好恶取舍，动静亡常，随君上之情欲，故谓之俗。"❷统治者的干涉和喜好，对于节日的习俗的发展起着鲜明的作用。正所谓上行下效，统治者的命令往往会引起民众的纷纷效仿。例如，寒食节禁火的习俗源于晋文公悼念介子推而命令全国禁火，而汉武帝对于太一神的推崇，就直接促成元宵节通宵达旦张灯结彩的习俗。

---

❶（清）李道平：《周易集解纂疏》，潘雨廷点校，中华书局，1994，第621-623页。

❷（汉）班固：《汉书》，中华书局，1962，第1640页。

其二，宗教因素对于传统节日影响深远。佛道二教在我国的历史演进中扮演着重要的角色，宗教对于节日习俗的渗透同样不容忽视。道教是我国土生土长的本民族宗教，根植于深厚的中国传统文化；佛教自汉代传入中国以后，朝着本土化的趋势日益发展，深度融入我国的风土人情，广泛流行于民间。道教中的三元日即正月十五、七月十五和十月十五是道教神灵中天、地、水三官的生日。正月十五是元宵节，也是道教中的上元节，天官的生日。七月十五是佛道二教中共同的宗教节日，背后都有着本宗教的文化含义，佛教中称为盂兰盆节，民间于这天设盂兰盆斋，道教中称作中元节❶。

其三，节日的发展也与神话故事有关，传统佳节的背后常常伴有神话故事的点缀。神话传说赋予了节日更多的神秘色彩。如中秋节本源自古人对月亮的崇拜，后来增添了嫦娥偷吃不死药而成仙奔月的神话故事，月宫中还有玉兔和桂花树，在后代的演变中，又注入了吴刚砍树的情节。使本属于自然天体的月亮，添加了人间的浪漫气息。

其四，我国历史上出现过民族大融合时期，深刻地影响着节日民俗的发展。俗话说"千里不同风，百里不同俗"，古代交通的不便导致不同地区的交流互动少，地域的差异影响着各地的节日民俗。魏晋南北朝、五代十国等大分裂、大动荡的时代也是文化交流空前繁荣，民俗风情跨地域传播、发展的关键时刻。南北方民族相互杂居，民族大迁徙，促使节日风俗在融合碰撞中更加多姿多彩。汉族的传统节日在少数民

❶ 中元节是道教名称，民间俗称七月半。在七月半这一天祭祖是汉字文化圈华人共同的习俗，通过虔诚的祭祖活动表达慎终追远的情怀。七月半与除夕、清明、重阳都是中华民族传统的祭祖大节。

族当中流行,少数民族的娱乐游戏也被吸收进汉族的节日习俗当中,如荡秋千、打马球等。

其五,一些节日从原始的自然崇拜增添了纪念历史人物的内涵,如寒食节纪念介子推,端午节纪念屈原、伍子胥、曹娥。到了唐代以后,节日的娱乐性也逐渐增强,清明节成为外出游玩踏青的好日子,而端午节赛龙舟从最初对龙图腾的崇拜,转变为人们的一项娱乐竞技项目。

传统节日风俗的演变是历史长期积淀的过程,统治者的政策、宗教因素、信仰崇拜、神话传说等方面在传统节日的产生和发展的过程中起了不容忽视的作用。传统节日是民族身份的一种认同,积聚着中国人民的智慧,是民族文化的瑰宝。传统节日既具有相对的稳定性,薪火相传;又不断发展,注入了新的内容,构成了我们五彩缤纷的节日习俗。岁时节日是联结民族的精神纽带,我们要了解中国的文化就不能忽略传统节日,既要传扬其中的精华,又要去掉其中封建迷信的内容,在继承的基础上发展。

第二节　我国主要的传统节日

一、春节

鲁迅在《祝福》一文中写道:"旧历的年底毕竟最像年底,村镇上不必说,就在天空中也显出将到新

年的气象来。灰白色的沉重的晚云中间时时发出闪光,接着一声钝响,是送灶的爆竹;近处燃放的可就更强烈了,震耳的大音还没有息,空气里已经散满了幽微的火药香。"透过鲁迅的描写,我们能感受到农历新年辞旧迎新的气氛,爆竹的震天响声,烟火弥漫的气息,烘托着节日的氛围。人们早早就为春节开始做准备,盼望着新年的到来。

春节是中华民族传统节日中最重要的节日,古老而隆重,成为中华文化的显著标志。春节是家人团聚喜气洋洋的日子,喜庆的氛围渗透到人们衣食住行的方方面面。在此期间,散布在世界各地的华夏子孙都会举行精彩纷呈的庆祝活动。

春节在古代的名称并不叫春节,而是叫元旦,民间称为"大年初一"。辛亥革命后采用公历纪年,才将1月1日定为元旦,农历正月初一才是传统的春节。《荆楚岁时记》云:"正月一日,是三元之日也。"元日,指的就是正月初一。民国时期内务部给大总统的呈文中提出设立春、夏、秋、冬四节:阴历元旦为春节,端午为夏节,中秋为秋节,冬至为冬节。但是,只有阴历元旦为春节被批准,所以农历新年改称春节。

古代"元旦"的日期经历了几次变化。帝王改朝换代,往往就要"改正朔,易服色"❶。夏历建寅,即以现在农历的正月为第一个月;殷历建丑,即以现在农历的十二月为第一个月;周历建子,即以农历十一月为第一个月;秦朝采用《颛顼历》,建亥之月,即以现在农历十月为第一个月。由于早期多次改变历法,出现了天象与历书记载极其不符的现象,直到汉

❶ 秦始皇采用了邹衍的五德始终说,认为周为火德,秦代周,以水克火,水属黑,所以秦时人民衣服、旌旗都是黑色;又周以建子为岁首,秦改用建亥,向前推了一个月,当今农历十月就是秦的正月,这就是"改正朔、易服色"之说。

武帝太初元年，创立《太初历》，以正月为岁首，沿袭夏历，并将二十四节气吸收进历法当中，作为农事的指导。我们现在用的农历就是以《太初历》为基础的。因为历法继承夏历，所以民间至今仍然有称农历为夏历的现象。《史记》中将正月称为"端月"，这和古代的避讳风俗有关。因为秦始皇名叫嬴政，"政"和"正"同音，为了避讳"正"，而改用"端"。

此外，春节的时间每年会有变动。人们常说大年三十除夕夜，但有时会存在一个月没有三十天的情况。因为中国农历中的月是按照月亮的盈亏圆缺来计算的，月亮圆缺的一个周期约为29.53天，而月的天数以整数计算，因此有大月三十天小月二十九天的区别。2022年的除夕碰巧就是赶上了小月，没有大年三十。

春节还有广义和狭义之分，广义的春节从十二月初持续到正月十五，狭义的春节专指正月初一那一天。民间俗称"过了腊八就是年"，腊月初八喝腊八粥。腊八以后年味渐浓，人们早早准备过年的用品，打扫房屋，购置年货，买新衣服。过小年的时间，各地有一定的差异，腊月二十三是北方的小年，南方过小年是腊月二十四，还有的地方腊月二十五、腊月二十八过小年。过小年这天有祭祀灶神的习俗。传说灶神是主管饮食的神仙，掌握着家庭的吉凶祸福，他监视着千家万户的举动，在民间有着广泛的影响❶。旧时百姓家中几乎都供奉灶神，或设灶王神龛，或者贴灶王画像。在灶门两边往往会贴上"上天言好事，下界保平安"的对联，祈求全家平安。除了熟知的灶王，在

❶《敬灶全书》有云："灶君乃东厨司命，受一家香火，保一家康泰，察一家善恶，奏一家功过。"

民间有时亦可见灶王奶奶的形象。传说每年小年这天灶神要向上天汇报百姓的善恶。百姓们为了防止灶王打小报告，在送灶仪式中会供奉糖，甚至将糖涂在灶王的嘴上，希望灶王在玉皇大帝面前多多美言。有送灶仪式便有接灶仪式，除夕这天，是灶王返回人间过年的日子，百姓要焚香礼拜，虔诚为灶王接风。如果接灶不够诚心，灶王可能以后就会在玉帝面前说这家人的坏话。

春节的习俗因地域不同而丰富多彩，主要的春节礼俗有放爆竹、贴春联、吃年夜饭、祭拜祖先、拜年等。

春节放爆竹、贴红对联的习俗源远流长。传说我们的祖先深受一个叫"年"的怪物的侵扰，到了冬天食物匮乏的时候，"年"就会进入村庄残害百姓，抢掠食物，威胁着村民的生命安全。百姓深受其苦，但是后来人们发现"年"害怕红色、火光和响声，于是在新年的时候，村民们就会挂着红色的桃木板，打爆竹，燃起篝火。"年"像往常一样进村扰民，然而村里传来噼里啪啦的爆竹声，火光闪耀。"年"被吓得赶紧逃回老家，从此再也不敢出来扰民了。

王安石在《元日》中写道："千门万户曈曈日，总把新桃换旧符。"过年家家户户有贴春联的习俗，桃符就是春联的前身❶。为何人们使用桃符作为门上的装饰呢？《初学记》引《典术》曰："桃者，五木之精也，故厌伏邪气，制百鬼。故今人作桃符著门以厌邪，此仙木也。"❷在古人眼中，桃木是五木之精，能够制伏鬼怪，抵御邪祟。早在周代，新春时节，人们为了辟邪祈福，用桃木做成桃木板悬挂在大门两边，

❶ 五代时，蜀后主孟昶曾在桃符上写下"新年纳余庆，嘉节号长春"的对联，这便是我国历史上记载的第一副春联。

❷ 徐坚等辑《初学记下》，韩放主校点，京华出版社，2000，第459页。

●【清】 周鲲绘高宗御题范成大祭灶词

● 【清】 董诰绘高宗御笔甲午雪后即事成咏诗图绘童叟热闹过新年的场景。

❶ 我国现存最早的年画是南宋《随朝窈窕呈倾国之芳容》，图中所绘的是我国古代著名的四位美人，分别是王昭君、赵飞燕、班姬、绿珠。

上面画着神荼、郁垒的图像。据《后汉书·礼仪志》所说，桃符长六寸，宽三寸，桃木板上书"神荼""郁垒"二神。门神即守门之神，通常是威武高大的形象。相传神荼、郁垒是守鬼门的两个神，如果鬼做了坏事，神荼、郁垒就会把鬼抓住喂给猛虎吃。唐五代时期门神就多用钟馗。到了宋代，门神画像多为秦叔宝、尉迟恭。秦叔宝和尉迟恭是初唐时期的名将，同列为凌烟阁二十四功臣，辅佐唐太宗李世民登上帝位。相传，一次唐太宗患病夜不能寐，觉得窗外鬼哭狼嚎，不得安宁。于是秦叔宝主动请缨和尉迟恭守在唐太宗的寝殿门口。唐太宗批准后，二人守在寝殿外，夜里果然没有了动静。唐太宗便命人给秦叔宝和尉迟恭画画像，然后贴在宫门上以辟邪。这一习俗在民间逐渐流传开来。门神的形象在变化，而画门神的桃木板也演化为门神贴纸。

门神画的流行带动了民间年画的发展❶。年画属于中国画的一种形式，大多用于新年时张贴，装饰房屋，增添喜庆的氛围。春节挂年画是很多家庭的习惯，年画通常色彩鲜艳，图案生动，有庆祝丰收、年年有余的，也有用于驱凶辟邪的，寄予着人们对美好生活的期待和憧憬。年画成为春节期间一道亮丽的风景，极具民俗风情和乡土气息。久负盛名的中国年画四大家分别是天津的"杨柳青"、苏州的"桃花坞"、四川的绵竹年画和山东潍坊杨家埠的年画。

到了宋代，挂在门上的桃木板改成了红色的纸张，文人墨客在上面题诗做对子，便渐渐演变成今天的春联了。经过明代皇帝朱元璋的大力提倡，过年挂春联的风气广为流传。春联和门神贴纸都是一年一换。现在依然保留着过年贴春联的习俗。春联由横批、上联和下联组成,通常是吉祥喜庆的祝福语。区别上下联的办法是,上联的最后一个字为仄声字,下联的最后一个字为平声字。春节贴的对联叫作春联,但是对联的使用不仅限于春节期间,人生礼俗中的婚丧嫁娶都可以贴上对应的对联。对联的形式也越来越丰富多样,在人们的生活中十分盛行,如店铺开张、文人交际等。此外,对联作为一种装饰和文雅的文学形式,广泛应用于亭台楼阁、园林水榭等地。

除此之外,春节贴福字同样是必不可少的环节。《说文解字》云:"福,佑也。"人们贴福字,祈求平安,带来好运。贴福字有讲究,大门上的福字是不能倒着贴的。往往在特定的地方才倒贴福字,在水缸、垃圾桶等地方会倒贴福字,为了防止倒东西的时候将福气倒走。"福倒了"谐音是"福到了"。

民间还流行贴窗花。窗花是民间手工艺的杰出代表。红纸裁剪的窗花,精巧灵动,凝结着劳动人民的智慧,增添节日喜庆的氛围。饮春酒也是重要的习俗。"春风送暖入屠苏",新年酒在唐宋时期也被称为屠苏酒❶。

❶ 屠苏酒可以避疫气、预防瘟病及伤寒,相传一人饮用,全家无病;一家饮用,全乡无疫。

人们在除夕这天,白天会大扫除,在中午和晚上与亲朋好友举行宴饮活动。全家人在一起吃年夜饭时,通常会有一条鱼,因为"鱼"的谐音是"余",寓意着"年年有余"。北方人在除夕会吃饺子,象征着"年年饺子年年顺"。人们还有吃八宝饭、吃年糕的习惯,"糕"与"高"同音,象征着未来的生活会越来越好。

家人团聚在酒桌旁，晚辈要向长辈敬酒，送上新年的祝福。

过年还有守岁的习俗，一家人围聚在一起畅聊。而现在，家人们普遍一起坐在电视机前收看春节联欢晚会，在欢声笑语中等候新年的到来。

对于小孩子来说，过春节最开心的是收到压岁钱。以前通常是要等到吃完年夜饭，长辈们才给晚辈发压岁钱。压岁钱一般用红纸，或者写着"恭喜发财"等祝福语的红包装起来，压岁钱的数额忌讳用单数。现在在除夕那天给压岁钱并没有严格的时间限制。人们习惯将压岁钱压在枕头下睡一觉，保佑新年平安顺遂。

春节期间尤其忌讳说不吉利的话，如打碎了东西要说"岁岁平安"。正月初一是新年的第一天，新年伊始，人们都期望讨个好彩头，与周围的人和和气气。如果这一天发生了不好的事情，人们会认为这一年的运气都不佳。做生意的人，更是希望开门大吉，顺顺利利。调皮的小孩犯了错误，大人在过年期间也不会随意打骂小孩。

正月初一有祭祀祖先的习俗。汉代《四民月令》载："正月之朔，是谓正旦，躬率妻孥，洁祀祖祢。及祀日，进酒降神毕，乃室家尊卑；无大无小，以次列于先祖之前……"❶ 在家中长者的带领下，家人们一同前往家族墓地上坟或者前往祠堂祭祖，追思逝去的先人，祈求福荫子孙。春节期间家人团聚之时，成为翻修族谱的好时机。迈入正月，就到了去亲朋好友家拜年的日子，给长辈们送去新春的祝福，携带年货走亲访友，和亲人们畅聊，这也是同学、朋友聚会的

❶ 中华文化通志编委会编《中华文化通志·制度文化典·宗族志》，上海人民出版社，2010，第67页。

难得时机。

从正月初一到初七,每一天都有特别的名称和特定的习俗。

董勋《问礼俗》曰:"正月一日为鸡,二日为狗,三日为羊,四日为猪,五日为牛,六日为马,七日为人。"[1] 为了新年的好运气,"一日不杀鸡,二日不杀狗,三日不杀羊,四日不杀猪,五日不杀牛,六日不杀马,七日不行刑"。初五又叫"破五节",因为在这天,过年的诸多禁忌可以被破除,并且这一天是迎接五路财神(户神、灶神、土神、门神、行神)的日子。这天开始大扫除,把垃圾堆在院子里。初一到初五不能倒垃圾,不然会倒掉好运气。初六为"马日",又叫"送穷日",在这一天,人们要送走穷鬼。相传穷鬼是颛顼之子,喜好穿破衣服。如果初六这一天,家里卫生脏乱,就会引来穷鬼,影响财运,因而初六这一天要打扫卫生,将院子里的垃圾都倒掉,丢掉破旧的衣服。初七为"人日",是庆祝人丁兴旺的日子。相传女娲在第七天才把人造出来,因而第七天是"人日"。《荆楚岁时记》记载,在"人日"这天,人们裁剪五色绸为人形,雕刻人形金属薄片贴于屏风或者戴在鬓角上。这些人形图案叫作"人胜",正月初七因而曾被称为"人胜节"。正月七日还有出游登高的习俗,借此祓襘不祥,带来好运。而在现代社会,到了初七,人们普遍就要恢复上班的生活了。

[1] 尹荣方:《洪水神话的文化阐释》,上海人民出版社,2016,第132页。

二、元宵节

　　正月十五是元宵节，也叫"灯节"，是农历新年的第一个月圆之夜，是道教天、地、水三官中天官的圣诞，这一天也被称为上元节。据说元宵节和汉武帝祭祀太一神有关,汉武帝将太一神视为最尊贵的天神，经常举办祭祀太一的活动。新年的第一个月圆之夜的祭祀典礼尤为盛大，灯火彻夜通明，所以元宵节形成了通宵达旦燃灯火的习俗。到了唐代，元宵节更加热闹非凡，唐玄宗将上元节的时间延长至三天，从正月十四开始接连三天全民通宵狂欢，载歌载舞，火树银花，盛世繁华❶。此外，南方地区在这一天还有迎"厕神"紫姑❷、占卜农桑的习俗。

　　对于大众来说，元宵节最主要的活动是吃汤圆、赏花灯、猜灯谜。猜灯谜是将谜语写在纸条上，然后贴在灯笼上供大家猜测，这些谜语既富有趣味又具有一定的挑战性，人们答对一定数量的谜语往往会得到一些奖励，各个阶层的百姓皆可参加，所以猜灯谜这一活动广受各个年龄段的民众的欢迎。

　　这天晚上，大街小巷张灯结彩，熙熙攘攘的人群参加灯会，举办丰富的演出活动，演绎古典故事。家人晚餐团聚在一起吃汤圆，唠家常。圆圆糯糯的汤圆寄托着人们全家团团圆圆的心愿。现在汤圆的口味也很丰富，除了传统的黑芝麻、花生味的汤圆，还有抹茶、橙子、巧克力、香芋等口味。此外，还有热闹非凡的舞龙、舞狮、踩高跷、划旱船等活动。

❶ 辛弃疾的《青玉案·元夕》就描述了元宵节的盛况："东风夜放花千树。更吹落、星如雨。宝马雕车香满路。凤箫声动，玉壶光转，一夜鱼龙舞。"

❷ 紫姑是主掌厕所之神，黄衣黄裙，能致人祸福，故民间正月十五夜于厕间、猪栏边迎接厕神，邀请她出游嬉戏，并有祭祀纪念活动。

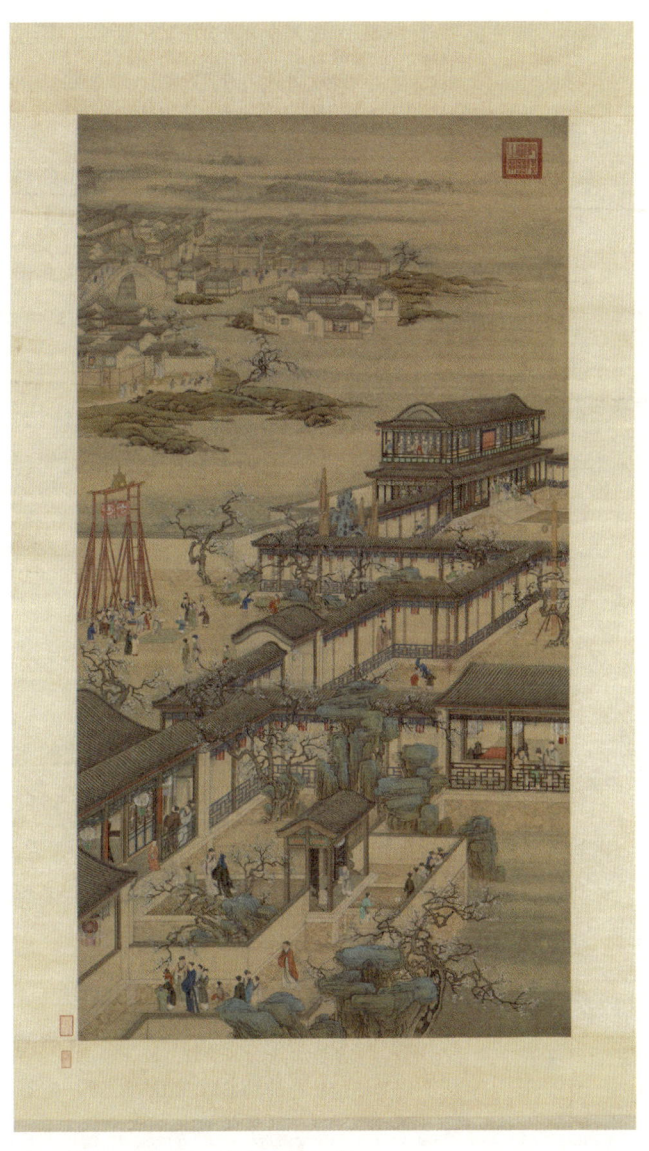

●【清】 画院画十二月月令图一月

图绘元宵佳节赏花观灯的场景。

过完元宵节，春节就算全部结束了，新的一年忙碌的生活又开始了。在火树银花的夜晚，迎来新年的春暖花开。

由于工作、学习等原因，亲朋之间平时很少能够见面，春节成为家庭团聚的重要日子。现代社会人们生活越来越忙碌，许多年俗都已经简化了，年味儿淡了不少。以前普通人家往往年夜饭才能吃上大鱼大肉，随着人们生活水平的提高，平日里吃大餐早已不再稀奇。但是春节依然是海内外中华儿女共同的文化情结。

"每逢佳节倍思亲"，中国人重视家庭血缘的传统，十分看重家人的团圆。春节的礼俗将个人、家庭、社会、国家相互联结。

三、清明节

清明是我国的二十四节气之一，是农事活动的重要时间点，也是我国的传统节日，在每年4月5日前后。《岁时百问》说："万物生长此时，皆清净明洁。故谓之清明。"❶清明是人们熟知的扫墓祭祖、慎终追远的日子，人们会从各地返回家乡，祭拜祖先。后来融合了踏青、荡秋千、插柳等其他的民俗活动。

清明节的渊源可以追溯到先秦时期。欲了解清明节的来历，则不可不提与之密切相关的寒食节。史籍记载，寒食节离冬至一百零五天，而清明节仅在寒食节的后一天。寒食节的来历和介子推的故事有关。据说介子推在与晋国公子重耳逃亡期间，曾经割下自己大腿上的肉给公子重耳充饥，重耳即赫赫有名的晋文

❶ 王碧滢、张勃：《燕京岁时记：外六种》，北京出版社，2018，第79页。

公。晋文公复国后,并没有给介子推奖赏,于是介子推隐居山林。此后,无论晋文公如何邀请,介子推都不为所动。晋文公便令人放火烧山,逼介子推出山,然而万万没想到,介子推在熊熊大火中抱木而死。晋文公感到非常哀伤、后悔,为了纪念介子推,下令这一天全国不得举火。寒食节禁火的习俗据说来源于此。《荆楚岁时记》中记载荆楚地区便有"禁火三日,造饧❶大麦粥"的习俗。

到了唐代,寒食节进一步得到统治者的重视,玄宗将寒食节那天扫墓的习俗纳入了五礼。杜牧笔下的"清明时节雨纷纷,路上行人欲断魂",将清明祭祖的情形形象地刻画出来。每逢清明时分,江南总是细雨飘飞,伴着略带一丝凉意的春雨,更给行人增添一缕哀思。清明时节,亲朋好友结伴而行,祭拜共同的先祖。"扫墓"顾名思义,即需要清扫祖先的坟墓。一年过去了,祖先坟墓上的杂草、树叶都需要清理,以免对祖先的坟墓造成破坏。人们还习惯用砖块或者土块压纸钱于坟上。然后,族人给祖先供奉祭品,烧纸钱、包袱、金元宝等,默默地诉说对亲人的思念。给去世的祖先上坟的伤感心情,源于内心深处对祖先的重视,和对亲人深深的爱。

除了扫墓,寒食节与清明节还有荡秋千、打马球、蹴鞠等娱乐活动。坐在秋千上的姑娘们凌空而起,裙摆飘飘,像极了天上的仙女。贵族妇女骑在驴上打马球,一片热闹欢愉的景象。

清明时节春回大地,草长莺飞。春游踏青十分盛行❷,古往今来不少文人墨客留下了清明出游的诗句。

❶ 饧:用麦芽或谷芽熬制的糖。

❷《东京梦华录》中记载了清明节郊游踏青的场景:"四野如市,往往就芳树之下,或园囿之间,罗列杯盘,相互劝酬。都城之歌儿舞女,遍满园亭,抵暮而归。"

[1] 姚奠中主编《唐宋绝句名篇评析》，商务印书馆，2017，第485页。

南宋诗人吴惟信的《苏堤清明即事》写道："梨花风起正清明，游子寻春半出城。日暮笙歌收拾去，万株杨柳属流莺。"[1] 清明节还有折柳、插柳、斗鸡、放风筝、拔河的习俗。古代人们普遍认为柳枝有辟邪的作用，俗谚云："清明不戴柳，红颜变白首。"于是古人将柔软的柳枝编成花环戴在头上，或者插于门前，寓意百鬼不侵，众人沿袭效仿。放风筝也有祛除厄运的意味，人们把遭遇的不幸写在风筝上，待风筝高飞便剪断长线，让风筝带着苦难随风飘去。人们也流行在清明节植树，清明节是万物复苏、雨水充沛的时节，树木比较容易成活。

清明节，江南地区流行吃青团和清明果。青团是用艾草汁与糯米粉一起搅拌，再加入豆沙馅做成的。青团吃起来带有淡淡的青草香气，软糯香甜。清明果和青团从外形上看很相似，但又不同。清明果的馅多为笋干、瘦肉，以咸味为主，而青团多是甜馅。

大约在明代，清明节与寒食节逐渐合二为一，清明节取代了寒食节。后来清明节则承担了以往寒食节扫墓祭祖的习俗。21世纪以来，传统的清明祭祖习俗的具体形式上发生了转变。旧俗人们会购买纸钱、纸折的衣服、汽车、房子等，焚烧的越多似乎天上的祖先收到的物品钱币就越多，这无疑造成纸资源的巨大浪费，而焚烧纸钱带来的滚滚浓烟，严重污染空气，一不小心甚至引发山林大火。随着环保意识的增强，人们多由原来的烧纸钱变为向祖先献鲜花。地方政府积极响应文明祭祖的号召，一些地区为了缓解清明节的交通出行压力，开通了扫墓的专线公交车，在墓园

门口设置鲜花点,民众可以凭着携带的纸钱换取鲜花。此外,在人们出行不便的客观情况下,还涌现出网上追悼会、网络祭祖、网上献鲜花的新形式。学校、单位还会组织人们到烈士陵园缅怀革命先烈,铭记民族英雄英勇无畏、为国献身的历史。

中国传统节日里既是节日又是节气的只有清明。清明节既融合了中国人重视家庭、亲情的价值观理念,也是放松身心感受自然的好时节。在时间的流变中,清明节融合了寒食节、上巳节的一些习俗。在这天,我们为祖先扫墓,缅怀先人,慎终追远,不忘养育之恩。与此同时,清明时节,正值春暖花开,春和景明,是出游踏青的好日子。"春水碧于天,画船听雨眠",春意盎然,勃勃生机,游人沉醉于春花春雨的美景中,感受自然的和谐美好。不仅如此,清明节的意义更在于告诉我们珍惜眼下的生活和身边的亲朋好友。逝者已逝,唯有将对亲人的思念化成前行的动力,勇敢地面向未来,不负可贵的年华才是对亲人最好的宽慰。

四、端午节

(一)端午节的由来

端午节是农历五月初五,又被称为"粽子节""端阳节""沐兰节"等,古人在这一天有用兰草沐浴的习俗。"午"与"五"同音。五月在夏至前后,俗称"恶月",天气逐渐转热,很多疾病容易引发,一些病虫开始大量滋生,是俗称的"五毒"(蝎子、毒蛇、蜈蚣、蟾蜍、壁虎)出没频繁的时期。因此,自古流传端午

节有祛病辟邪的习俗。除了大家所熟知的粽子、赛龙舟，还有吃咸鸭蛋、系五彩绳、用兰草沐浴、插艾叶、踏百草、斗百草等习俗。端午节的由来有几种说法。

其一，端午节源于南方吴越族人对龙图腾的崇拜。南方吴越族人会举行龙图腾的祭祀活动。南方地区山河湖海资源丰富，雨水丰沛，为举行赛龙舟的活动提供了自然条件的支持。

其二，端午节起源于恶日。北方地区较南方而言，则更多将五月视为"恶月"，该月有诸多禁忌，忌讳暴晒床席、盖房子等。《风俗通义》曰："五月盖屋，令人头秃。"甚至民间认为五月五日生子是不详的，会不利于父母。

其三，端午节与历史人物有关，赋予了端午节纪念历史人物的意义。端午节纪念的是哪位历史人物，向来有不同的说法。流传的最广的是纪念伟大的爱国主义诗人屈原❶。屈原为战国时期楚国诗人、政治家，劝诫楚怀王，主张联齐抗秦，却遭到同僚的排挤而被放逐，写下了流传千古的《离骚》《天问》《九歌》等作品。楚国都城郢都被秦军攻陷后，屈原在五月初五这天自沉于汨罗江。屈原以身殉国的爱国精神和上下求索的无畏品格，为世人所赞叹。相传楚国百姓将粽子投入江中，以免鱼儿伤害屈原的身体；又划龙舟解救屈原，并驱赶江中的鱼儿；或者往江中倒入雄黄酒，药晕河里的蛟龙。

还有一种说法，端午节是为了纪念春秋时期的大臣伍子胥。伍子胥本是楚国人，为了替父兄报仇而投靠吴王夫差。在后来的吴越战争中，夫差听信谣言不

❶ 南朝吴均在《续齐谐记》中记载："屈原五月五日投汨罗而死，楚人哀之，每至此日，以竹筒贮米投水祭之。"

肯彻底消灭越国，又赐死伍子胥。伍子胥无可奈何，临死前对周围的人说："我死后将我的眼睛挖出来悬在城门上，看越国军队入城灭吴。"夫差恼羞成怒，令人将伍子胥的尸体于五月五日投入江中。因此，就有了人们纪念忠臣伍子胥的习俗。

除此之外，还有关于汉代的孝女曹娥投江救父之类的民间传说。曹娥的父亲是东汉安帝时期的人，他于五月初五这天溺死江中。年仅十四岁的曹娥寻找不到父亲的尸体，后来也跳入江中，数日后，曹娥抱着父亲的尸体浮出水面。曹娥救父的故事在民间传播开来，人们认为曹娥的孝心感动了神灵，并为曹娥塑像立碑。

（二）端午节的习俗

端午节的岁时食物首推粽子，因为状似牛角，也被称为"角黍"❶。粽子的口味丰富，软糯鲜香，有甜粽子和咸粽子之分。北方的粽子以甜馅为主，有红豆粽、豆沙粽、江米粽等，而南方的粽子口味偏咸，常见的有肉粽、火腿蛋黄粽等。其中，浙江嘉兴的肉粽子十分有名。

端午节佩戴五彩绳也是常见的风俗之一。《荆楚岁时记》云："以五彩丝系臂，名曰辟兵，令人不病瘟。""辟兵"是对社会现实的生动反映，魏晋南北朝时战乱频繁，社会动荡，躲避灾祸是时人的心愿。除了"辟兵缯"，五彩绳还有诸多名称，如"长命缕""五色丝""朱索"等。人们希望通过手戴青、赤、黄、白、黑色丝线编成的五彩绳，可以使人不生病。人们

❶ 晋代周处在《风土记》中有关于粽子的记载："俗以菰叶裹黍米，以淳浓灰汁煮之令烂熟，于五月五日及夏至啖之。"

① 《荆楚岁时记》记载："五月五日，四民并踏百草，又有斗百草之戏，采艾以为人，悬门户上以禳毒气。"

② 用研磨成粉末的雄黄泡制的白酒或黄酒，谓之"雄黄酒"。

还将五彩丝线染成日月、星辰、鸟兽的形状，并在上面刺绣、镂金。青、赤、白、黑代表四方，黄色代表中央。人们可以将五彩绳佩戴于胸前或者手臂上。除了有吉祥的含义，佩戴五彩绳还可以展示妇女从事蚕事的功劳。五彩绳不仅色彩丰富、形状美观，而且编织起来十分便捷，深受小孩子的喜爱。

菖蒲、艾草则是端午节的必备物品❶。人们认为菖蒲、艾草能够辟邪，可以保佑家庭的安宁，于是将菖蒲、艾草插于门上，辟邪祛病。这一习俗至今仍然普遍流行，端午节家家户户的门口挂着菖蒲、艾草。

端午节流行喝雄黄酒❷。端午正值毒虫开始大量滋生的时候，雄黄具有杀毒驱虫的效果，人们将雄黄涂在耳鼻上，杀菌消毒。大人们还用雄黄沾水在儿童的额头上写"王"字，希望小孩健康平安地成长。有的人也会在家中喷洒雄黄水，驱除害虫。人们还会在端午节佩戴香囊来驱虫。有些百姓家中还会挂钟馗像以驱邪除害。总之，端午节的习俗往往与强身健体、防御疾病、驱毒辟邪的目的有关。

习俗是社会现实的写照，是人们生活实践的产物，不仅由自然环境的变化应运而生，而且与社会环境相适应。随着时代的发展，端午节被赋予了纪念历史人物的意义，得到人们的普遍认同。屈原的爱国主义精神感染激励着中国人民的家国情怀。将五月视为"恶月"并创造出消毒驱虫的习俗，反映了古代国人对于自然规律的认识和应对环境变化的聪明才智。端午节中迷信的成分在减弱，而娱乐性、对生活有益的习俗则被保留下来。现代的龙舟竞赛，锣鼓喧天，热

第三章 传统节日中的民俗 ‖ 093

● 【清】 画院画十二月月令图五月 轴

图绘人们为了纪念屈原,在端午节举办龙舟比赛的场景。

闹非凡，观众的欢呼呐喊声不绝于耳，具有很强的观赏性、娱乐性。龙舟竞渡比的不仅仅是划船的技能，同时也是对团队合作精神的考验，具有放松身心、促进民众情感交流、增强凝聚力的社会效应。粽子作为端午节的象征，成为中国传统节日食物的一大标志。人们在浓厚的节日氛围中迎接炎炎夏日的到来。

五、七夕节

七月初七为七夕节，也被称为"女儿节""少女节""乞巧节"，已有上千年的历史，被喻为"中国的情人节"，是以女性为主的节日。

（一）牛郎织女的传说 ❶

爱情是民间经久不衰的话题。牛郎织女的传说，给七夕节增添了浪漫的色彩。传说有一个放牛郎，幼年丧父，饱受兄嫂的欺负，但好在有一头忠诚的老牛为伴。老牛告诉牛郎，天上的七仙女要到河里去洗澡，只要拿走织女的衣裳就能娶到织女做妻子。一天，牛郎真的遇到了降临人间的七仙女。牛郎和七仙女中最年轻漂亮的织女相遇、相知，过上了男耕女织的恩爱生活，并且育有一子一女。后来，老牛将要死去的时候，嘱咐牛郎将它的皮剥下来，以后遇到危急时刻，可以帮得上忙。牛郎织女的生活甜甜蜜蜜，但可惜好景不长，玉皇大帝和王母娘娘知道织女与凡人结婚后大发雷霆，七月七日这天，王母娘娘带领天兵天将前往人间欲将织女带回天庭，天神趁牛郎不在家时，把

❶ 牛郎织女传说与孟姜女传说、白蛇传说、梁山伯与祝英台传说并称为中国民间四大传说。

织女带走。牛郎到家后找不到织女,赶紧披上牛皮带着两个孩子去寻找织女。在牛皮的帮助之下,牛郎越飞越快,穿云破雾,银河已在不远处清晰可见,就在牛郎要追上织女的时候,王母娘娘用簪子朝着银河一划,平静的银河瞬时变得波涛汹涌,巨浪滔天,牛郎再也无法飞过去了。牛郎织女两两相隔,含情凝视,却不得相见。玉皇大帝和王母娘娘为牛郎织女真挚的爱情所触动,允许他们每年七月初七可以相会一次。喜鹊为他们坚贞美好的爱情所感动,无数喜鹊展翅腾飞,在天河之上搭起了一座鹊桥。牛郎织女每年只能在农历七月七日这天夜晚于鹊桥相会。

(二)七夕节的风俗

夏季爽朗的夜晚,繁星满天,星河璀璨,七夕之夜人们抬头仰望浩瀚的天空,遥望牵牛织女星,回忆起牛郎织女的爱情故事。

七夕节众多风俗中较为知名的是"乞巧"活动。乞巧的方式主要有穿针乞巧、蜘蛛结网乞巧、生豆芽乞巧、浮巧针乞巧等❶。相传织女是一位心灵手巧的仙女,她擅长针线活,能织出美丽的锦缎。天下的妇女们渴望能有织女一般精湛的技艺,于是在七月七日向织女祈求能够有一双巧手。妇女通过穿针引线的活动进行乞巧。《荆楚岁时记》中载:"七月七日为牵牛织女聚会之夜。是夕人家妇女,结彩缕,穿七孔针,陈酒脯、瓜果于庭中以乞巧。"妇女们在月光的照耀下,穿七孔针。针线代表着缝纫技艺,是古时妇女的必备技能。

❶ 七夕乞巧最早见于葛洪《西京杂记》:"汉彩女常以七月七日穿七孔针于开襟楼,人俱习之。"

❶❷❸ 杨荫深：《事物掌故丛谈：大字本 1 岁神娱》，上海辞书出版社，2016，第 69 页。

❹《玉烛宝典》引《淮南子》云："丰水十仞，金针投之，即见其形，乃有旧事。"明朝《顺天府志》记载："七月浮巧针：七日民间女家盛水暴日，令女投水针浮之，初水底日影散如花，动如云，细如线，粗如槌，卜其巧拙。"

　　东汉崔寔《四民月令》中载："七月七日曝经书，设酒脯时果，散香粉于筵上，祈请于河鼓（即牛郎）织女，言此二星神当会。"❶人们在庭院中摆放瓜果，祭拜牛郎织女。如果有蜘蛛在瓜果上结网，象征着织女的降临，叫作"喜蛛应巧"。宋代还出现了在街上专门卖乞巧果的现象。

　　在七夕节的美好寓意和浪漫氛围下，自然少不了求取姻缘和子嗣的活动。《风土记》云："七月七日，其夜洒扫于庭，露施几筵，设酒脯时果，散香粉，于河鼓织女乞富乞寿，无子乞子，唯得乞一，不得兼求，三年乃得言之，颇有受其祚者。"❷《东京梦华录·七夕》载："以绿豆小豆小麦贮磁器内，以水浸之，生芽数寸，以红蓝彩缕束之，谓之种生。"❸种生体现的是求子的观念。"浮巧针"❹就是将针漂浮在水面，在阳光的照射下，观察它影子的形状，以此占卜。有的地方还有七夕节女性染红指甲的习俗。

　　七夕节流传着晒书和曝衣的风俗。《世说新语》中记载了七夕节晒书的一个小故事，七月七日这天人人皆晒书，而大才子郝隆在这天的大中午，跑到太阳底下袒胸露腹地躺着。人们问他缘故，他傲然地说："我晒书。"郝隆的行为既是对世俗晒书行为的不屑，另一方面也是标榜自己腹有诗书，晒肚皮即是在晒书。

　　有关爱情的诗句在民间广为流传，如汉代著名的诗篇《迢迢牵牛星》："迢迢牵牛星，皎皎河汉女。纤纤擢素手，札札弄机杼。终日不成章，泣涕零如雨。河汉清且浅，相去复几许。盈盈一水间，脉脉不得语。"据说唐玄宗和杨贵妃在华清宫的长生殿度过七夕之夜

●【明】 仇英乞巧图

时,杨贵妃不由自主地发出对牛郎织女的羡慕,同时也表达出对君王的宠爱能否长久的忧虑。白居易在《长恨歌》中所写的"七月七日长生殿,夜半无人私语时。在天愿作比翼鸟,在地愿为连理枝",作为爱情的经典诗句在后世长久流传。

牛郎织女,代表了无数普通的农民家庭。织女所擅长的女红,象征着古代妇女在家庭中主要承担的职责,因而得到妇女的推崇。七夕节的习俗展现了劳动人民对牛郎织女纯真美好的爱情和男耕女织幸福的小家庭生活的向往。

六、中元节

中元节,农历七月十五,在道教中称为中元节,民间俗称为"鬼节",也叫"七月半"。这是佛教和道教共同拥有的一个节日。中元节在佛教中称为盂兰盆节,盂兰盆是"解救倒悬"的意思。倒悬,比喻处境艰难困苦。盂兰盆节和"目连救母"的故事有关。目连看到母亲处于饿鬼道中,便给母亲送饭,但是食物还没入口,就化为火炭。目连大喊大叫,急忙求见佛祖。佛祖说:你母亲的罪孽深重,不是你一人能够化解的,需要集合十方众僧的威神之力,七月十五这天你要为七代父母、现在父母及处于困厄之人,备好百味五果放置于盆中,供养十方高僧。佛祖吩咐众僧祝愿目连的七代父母进入禅定,然后受食。在佛祖的指引下,目连的母亲终于摆脱了饿鬼的苦难。目连向佛祖请求礼佛的孝顺子弟也应当奉盂兰盆供养,佛祖

赞同。佛教中的盂兰盆节由此而来,每年七月十五佛教徒都会举办盛大的盂兰盆会供奉佛祖、僧人。

七月十五这天是道教中天、地、水三官中地官的生日,天官赐福、地官赦罪、水官解厄。这一天,人们会像清明节一样,祭祀祖先,备好拜祭的酒肉,给故去的祖先烧纸钱[1]。还有在水边放河灯、焚法船等习俗。一些地方,"七月半"往往从七月十三就开始了,持续到七月十五。古代民间流传着"七月半,鬼乱窜"的说法,七月半,日落后要尽量避免出家门,以免碰到鬼魂作祟。七月半的习俗与祖先崇拜密切关联。七月半在民间具有很强的影响力,现代社会很多人仍然遵守着相关习俗。

[1]《东京梦华录》记载:"中元卖冥器彩衣。以竹斫三脚如灯窝状,亦谓之盂兰盆,挂冥钱衣服在上焚之。"

七、中秋节

中秋节又称"祭月节",唐朝人也称之为"端正月",为每年的农历八月十五。中秋节这天是一年中月亮最大最圆的时候,月光皎洁,清辉洒满大地。同时又恰逢丹桂飘香,因而中秋节赏桂花的风气很盛。

中秋节的来历离不开早期先民们对月亮的崇拜。在靠天吃饭的时期,人们对于自然抱有深深的敬畏与感激之心。聪明智慧的古人在生活中注意到月亮的阴晴圆缺影响着农业的生产,对于月亮的魔力感到敬畏。因而,形成了祭拜月神的习俗,祈求五谷丰登、吉祥平安,后来逐渐演变成赏月的习俗。另外,中秋节的形成可能与"秋祀"有关[2]。中秋正逢收获的季节,勤劳的农民为了表示对土地神的感谢,有"秋社"的

[2] 韩养民、郭兴文:《中国古代节日风俗》,陕西人民出版社,2002,第235页。

❶《礼记》记载:"天子春朝日,秋夕月。朝日以朝,夕月以夕。"意思就是天子在春天祭日,秋天祭月。祭日在白天,祭月在晚上。

活动,由此产生系列风俗❶。

从古至今与月亮有关的神话故事不胜枚举,人们丰富的想象力给中秋节增添了浪漫的气息。嫦娥奔月、天狗食月的传说妇孺皆知,脍炙人口。传说后羿向西王母求得不死之药,妻子嫦娥趁其不在家的时候将仙药全部偷吃。吃完仙药的嫦娥身体变得非常轻盈,独自一人飞到月亮上去了,从此住在了月宫当中。人们似乎觉得嫦娥一个人居住在清冷的月宫中太过孤单,后来又在月宫的传说之中加入了玉兔以及受到惩罚在月宫中常年砍桂树的吴刚。

中秋节形成于唐宋时期。从成书于南北朝时期的《荆楚岁时记》来看,当时还没有形成中秋节的名称。到了明清时期,过中秋节的风俗普及民间,其地位愈加重要。

农历八月正值收获的季节,瓜果飘香。源于对月亮的崇拜心理,在中秋节这天,人们通常要用月饼、瓜果供奉月亮。月亮的神秘色彩,再加上中秋节团圆的寓意,衍生出中秋以月亮占卜,偷瓜送子的习俗。妇女们出游偷瓜,表达出人们对于求子的迫切心态和朴素心愿。

嫦娥玉兔的神话传说家喻户晓,玉兔的形象给民间习俗注入了新鲜素材,"兔儿爷"是北京的地方传统手工艺品,"爷"是对尊者的称呼,八月十五,北京地区有供奉"兔儿爷"的习俗,其中泥塑的"兔儿爷"较为常见。"兔儿爷"的造型愈加多样,甚至还有身着金盔铁甲、英姿飒爽的武士形象。后来随着月亮崇拜的世俗化,"兔儿爷"渐渐变成了深受儿童们

●【明】 唐寅画嫦娥奔月 轴

喜爱的中秋节玩具,被列入北京非物质文化遗产之一。

八月十五同时正值钱塘江涨潮,钱塘自古繁华,钱塘江波涛汹涌,浪击河堤,蔚为壮观,每年都有来自世界各地的游客前往杭州观潮。唐朝刘禹锡《浪淘沙》云:"八月涛声吼地来,头高数丈触山回。须臾却入海门去,卷起沙堆似雪堆。"钱塘江似喇叭状,河岸向内逐渐收紧,潮水来时,涛声震天,猛烈地拍击河堤,激起浪花阵阵,有如卷起千堆雪,令人赞叹不已。

中秋节这天少不了夜晚赏月吃月饼的习俗。与家人朋友对酒当歌,弹琴赋诗,别有一番趣味。月饼是中秋节的节令食物,在唐代就有关于中秋节吃月饼的记载,而宋代文人的诗句中多将月饼称为"金饼"。苏舜钦的《中秋松江新桥对月和柳令之作》云:"云头艳艳开金饼,水面沈沈卧彩虹。"明清时期,中秋节吃月饼成为普遍的习俗❶。各地有着不同风味的月饼。随着烘焙技术的发展,人们的创意越来越多,月饼的种类和花样也愈加丰富,口味有咸的、甜的、水果味的、荤的、蛋黄的,五花八门,种类有苏式月饼、广式月饼、冰皮月饼等。月饼的花纹、图案也各具特色。

如今,中秋节吃月饼、赏月的习俗依然盛行不衰,并且成为每年过中秋节令人十分期待的事情。在中秋佳节,伴着沁人心脾的桂花香,家人们团坐在一起,分享节日的喜悦,互诉衷肠,赏明月,吃月饼,其乐融融。月亮的圆象征着家庭的团圆,而远在他乡不能赶回家的游子,望着圆圆的月亮,思念家乡和故人。

❶《燕京岁时记》中记载:"中秋月饼,以前门致美斋者为京都第一,他处不足食也。至供月月饼到处皆有,大者尺余,上绘月宫蟾兔之形。有祭毕而食者,有留至除夕而食者,谓之团圆饼。"

八、重阳节

农历九月初九是中国传统佳节中的重阳节，又称为"敬老节""登高节""茱萸节"等。《易经》中将"九"归为阳数，九月初九，日月皆阳，因而九月初九叫"重阳"节。农历九月正值菊花竞相开放的时节，重阳节自然而然与菊花发生关联。

南朝吴均的《续齐谐记》[1]讲述了重阳节登高饮酒，人们佩戴茱萸香囊习俗的来历。相传东汉时，汝南有一个叫桓景的人随着费长房学习法术。一天，费长房对桓景说："九月九日，汝南会有大灾难。赶紧让你的家人缝制香囊，装上茱萸，系在手臂上，登山饮菊花酒，这样就可以消除此次灾祸。"桓景按着费长房的建议在九月九日当天全家登山。回来之后发现鸡犬牛羊一时暴死。费长房听说后，说这些牲畜为人替代灾厄了。"《齐谐》者，志怪者也"，《续齐谐记》记录了大量的志怪故事，虽然这则故事荒诞不可信，但从中可以看出人们通过节日习俗辟邪消灾的殷切希望，而登高具有祓禊的意义。这则故事亦透露出最初人们并没有将重阳节看作是一个喜庆吉祥的节日，而是将其视为需要躲避灾祸的不祥之日。

在重阳节这天，人们有登高望远、佩戴茱萸、喝菊花酒、吃重阳糕的习俗。茱萸既是香料也可以入药。古人认为茱萸具有强健体魄，辟邪驱恶的功能，流行饮茱萸水、佩戴茱萸香囊、插茱萸。

重阳节前后是菊花盛放的时节，菊花具有很强的观赏性。菊花又称"延寿客"，与长寿往往相联系。

[1] "齐谐"二字出自《庄子·逍遥游》："齐谐者，志怪者也"，可见其记载的是志怪小说，虽然全书只有一卷十七条，但不可否认其在魏晋六朝志怪小说史上的地位，鲁迅在《中国小说史略》中，称其"卓然可观"。

数不清的文人留下描写菊花的美丽华章。在人们的眼里，菊花有丰富的文化内涵，菊花不畏严霜、高洁脱俗的品格受到无数人的青睐。古往今来，诸多诗人毫不掩饰对菊花的赞美，由菊花营造出别样的意境。陶渊明笔下"采菊东篱下，悠然见南山"的恬静自在；孟浩然《过故人庄》中"待到重阳日，还来就菊花"展现田园生活的闲适和朋友之间的深厚情谊；元稹毫不吝惜地表达对菊花的喜爱，"不是花中偏爱菊，此花开尽更无花"；李清照的"薄雾浓云愁永昼，瑞脑销金兽。佳节又重阳，玉枕纱厨，半夜凉初透。东篱把酒黄昏后，有暗香盈袖。莫道不销魂，帘卷西风，人比黄花瘦"，将词人孤身一人度重阳节的凄清描写得淋漓尽致，千古流传，广为流唱。重阳节人们也有"簪菊"的习俗，即在头上佩戴菊花，装点发饰，唐代杜牧的"尘世难逢开口笑，菊花须插满头归"便是这一习俗的生动写照。重阳节赏菊的习俗历久不衰，现代以来，诸多地方在重阳节前后，都会举办规模盛大的菊花展，各种品种的菊花争妍斗艳、竞相开放，游客们纷至沓来，欣赏菊花的千姿百态，美不胜收。

菊花不仅有观赏功能，还能食用。人们喜欢用菊花泡茶和酿酒。菊花茶具有明目的功效。屈原在《离骚》中所写"朝饮木兰之坠露兮，夕餐秋菊之落英"，便是较早吃菊花的记录。《荆楚岁时记》杜公瞻的注释中记载北方人也重视重阳节，有过重阳节的习俗，"佩茱萸，食饵，饮菊花酒，云令人长寿"[1]。

重阳节这天，人们还喜爱吃重阳花糕。因为"糕"与"高"同音，有步步高升的吉祥意味。有的地方会

---

[1] 宗懔：《荆楚岁时记》，杜公瞻注，姜彦稚辑校，中华书局，2018，第65页。

在糕点里加上红枣、肉、板栗等配料，像粽子是端午节的节日食物一样，重阳糕是重阳节的特色小吃。

总之，重阳节最初躲避灾祸的含义逐渐被人们淡忘，而家庭伦理和休闲娱乐的色彩得到加强。现代，人们给重阳节注入了孝老敬亲的理念，家人们在这天花时间陪伴父母，请父母吃大餐，给父母买衣服等。社会上会举办去敬老院看望老人、表演节目等志愿活动，举办为老年人送爱心等公益性活动等。重阳节由早期个人家庭的消灾避祸扩大到全社会的敬老行动。重阳节期间，人们趁着秋高气爽的好天气，与亲友出游登高，放松身心。

第三节 现代节日与节日特征

近现代以来，产生了一些适应社会新发展理念的新节日，这些节日和以往与农业生产、气候变化等密切相关的岁时节日有很大的不同。新兴节日体现着现代社会新的价值理念，如对于环保理念的提倡、对于某些特殊职业的尊敬、对于人类劳动的尊重等。我国近代以来新设立的节日有3月12日植树节、9月10日教师节、10月1日国庆节等。在国庆节期间，国家会举办系列庆祝活动，全国上下张灯结彩，红旗飘扬，热闹非凡，而且国庆假期有"十一黄金周"的称号，人们在节假日期间出行旅游也成为欢度假期的流行趋势。

此外，我们所熟知的一些国家法定节日也属于流行全球的国际节日，如3月8日国际妇女节、5月1日国际劳动节、5月12日国际护士节。其中国际护士节是为了纪念现代护理学科的创始人弗洛伦斯·南丁格尔而于1912年创立的节日。近现代以来的新节日与传统节日相结合，共同构成了我国的法定节日，丰富着我国的节日文化。除了法定节日外，网络上还流行着一些新兴节日，比如"双十一光棍节"，在该节日有商品打折活动，成为全国乃至海外网民们购物狂欢的日子。这些新兴的节日给人们的日常生活增添了活力，促进了经济活动的开展，但是过多过滥的节日活动，也会使人们审美疲劳，失去了节日的意义。

值得注意的是，随着全球化的推进，中西节日文化交融日益密切，国外的母亲节、父亲节、感恩节等节日文化在我国也得到了传播，这些节日同样成为中国子女们表达孝心的方式。节日是文化的承载体，在了解西方节日文化的同时，我们不能忽视本民族传统节日文化背后的底蕴，更不能将传统节日文化遗珠弃璧。

传统节日的保护需要全体中国人的共同努力。目前，春节、清明节、端午节、七夕节、中秋节、重阳节等节日已经被纳入国家级非物质文化遗产当中。时代在变化，人们的生产生活方式发生了巨大的改变，许多人觉得节日的商业气息浓厚，过节没有以前的味道了。

在悠久的历史岁月中，人们创造了丰富多彩的民俗节日。传统节日的发展与人类的文明进步相始终。

我国是一个有着悠久历史的农业大国，传统节日民俗起初多与农业相关。天文历法的进步为民俗的产生奠定了基础，节日在自然崇拜和神灵信仰与民间禁忌的土壤上发展起来，体现着中国人对宇宙自然的认识和体验，以及中国早期先民们朴素的生活与质朴的情怀，寄予着人们对于五谷丰登、健康长寿的美好愿望。

古代节日习俗会受到多方面的影响，其中节日习俗的盛衰很可能与统治者的政策干预有关，同时传统节日也受佛道二教的宗教文化的影响，后期神话传说和历史人物故事的附会给节日文化披上了神秘的面纱，中国历史本身的走向与变迁也深刻地影响着节日文化的传播与流布。信息交通不便的早期古代社会，人们聚族而居，形成小的区域团体，与外界的交流相对封闭，各地域在文化上的融合较少，即便是对于同一节日，南北地区可能会有差异较大的看法和活动。历史上的几段民族大融合，往往能够促进节日习俗的南北交汇，增添节日文化的地域认同。传统节日发展的总体趋势是节日习俗的娱乐性加强，而封建迷信的内容在减少。

传统节日有着巨大的稳定性，我国诸多传统节日在汉代已经定型，为大众所认可，能够反映民众的需求和心理特征，一直延续至今。传统节日也不断在注入新的内容，发展变迁。节日期间，与亲友往来，参与集体的活动，是对平常紧张忙碌的生活的调节。节日文化不仅在于满足人们对于现实物质的需求，另一方面更是精神的寄托。传统节日对于促进人们的情感交流，娱乐身心，增强民族的凝聚力起到了积极的作

用。传统佳节是中国文化的关键符号，部分节日属于非物质文化遗产的重要组成部分。

"年年岁岁花相似，岁岁年年人不同"，岁时节日表现出周年循环的重复性，年复一年的节日庆祝，成为调剂人们工作与生活的润滑剂。中国人重视人际间的关系和情感的交流，人们通过岁时节日中的交往，感受其带来的温馨与浪漫。岁时的节日习俗中寄托着人们对未来美好生活的向往和期待。王仁湘在《饮食与中国文化》中写道："人们平日的饮食，多半为口腹之需；而岁时的享用，则主要为精神之需。"[1]

节日的饮食在特定的时日所有，具有文化象征意义，增添着人们对于节日的期待。特定的食物成为节日的象征，凝结着人们对于节日的一种真挚的情怀。元宵节的汤圆、端午节的粽子、中秋节的月饼总能勾起人们对于节日的回忆。节日的文化内涵、饮食习俗、娱乐活动等都是支撑节日继续传承的重要因素。

总而言之，中国传统节日满足了人们的生产生活需要，体现着中国人对于美好幸福生活的向往和追求，既是文化的承载体，又是能调节身心的休整日。岁时节日是中国传统文化的重要组成部分，我们应当在尊重传统节日本身的内涵的基础上使古老的节日焕发出新的生机。

---

[1] 王仁湘：《饮食与中国文化》，青岛出版社，2012，第 111-112 页。

第四章 信仰崇拜中的民俗

何谓民间信仰？民间信仰又称民俗信仰，是民众对于超自然力量的一系列崇拜观念以及相应的仪式行为。它在民间自发产生，扎根于大众的日常生活，和该地区的历史文化密切相关，集中表现为俗神信仰。民间信仰中既有地方性的神祇，又有影响全国的神灵。神灵崇拜源于人们对自然的敬畏和对现实生活的诉求，神灵扮演了人们心灵安慰剂的角色，人们为了达成各种期望，便将视野转向民间信仰。民间信仰崇拜的内容包括自然神、生育神、祖先神、行业神❶等常见的神灵，当然生活中涉及的消灾解难的方式与禁忌也是民间信仰不可缺少的一部分。崇拜对象以及由神灵崇拜衍生出的一套行为仪式和思想观念共同构成了我国的民间信仰。

　　民间信仰与宗教信仰有着千丝万缕的联系，既有相似之处，又有着显著的区别。从形式上看，民间信仰和宗教仪式有相似的地方，人们吸收借鉴了宗教中的仪式活动和神灵崇拜的部分内容，将宗教中的神灵改造成民间信仰的对象，如民间崇拜的生育神碧霞元君就是道教中的女仙。但是民间信仰通常是自发形成

❶ 行业神多为传说中各行各业的始祖和历史上的能工巧匠，如建筑业供奉鲁班、酒坊业供奉酒仙杜康、医药业供奉扁鹊、孙思邈，纺织业祭祀黄道婆等。

的结果,包罗万象,没有形成有序的神灵体系,并且尤其注重现世、个人的利益,而宗教中往往有系统的教团组织和领袖人物,并且更多地考虑来世。总体来看,民间信仰在民间的传播范围和影响力甚至较宗教更为广泛和深远。

民间信仰是千百年来广大劳动群众在生活中共同创造的结果,是中国文化史上不能回避的话题。中国幅员辽阔,人口众多,不同地区自然和人文环境的差异性造就了各具特色的民间崇拜习俗。民间信仰富有鲜明的地域色彩,反过来也成为塑造独树一帜的地域文化的关键因素,成为透视普通大众精神世界的特别视窗。本章主要从民间信仰的渊源和分类、民间信仰的对象、民间信仰的特征、民间信仰的历史与现状四个方面介绍中国信仰崇拜中的民俗。

第一节 民间信仰的渊源和分类

一、民间信仰的渊源

民间信仰的渊源可以追溯到远古时代。早期先民们认识自然和改造自然的能力较弱,他们首先遇到的问题便是如何生存。自然在为人类提供生活资源的同时也无情地给人类带来灾难,人们在自然规律面前显得弱小无力,只能在艰苦的环境中团结聚居以求得生存。此外,先民们面对生活中遇到的自然和生命现象,

无法找到合理的解释，于是对诸如风雨雷电等自然现象以及人的生老病死和梦境等感到惊奇，认为冥冥之中有神灵在主宰世界。更何况，先民们有时并不能够将自己与周围的自然物清晰地区别开来，在他们眼中万物皆有灵性，宇宙天体、自然现象、有生命的动植物、生活中无生命的门和床等物品中都有超能力存在。因而古人长久地对宇宙和自然怀有畏惧之感与虔诚之心，自然崇拜以及相应的巫术随之产生。

长期以来古人相信灵魂的存在，认为人死之后肉体消亡，但是他的灵魂没有消失，灵魂具有超能力，观察着人间的祸福善恶，能够办到常人不能做到的事情。在古人的诗文当中常见"神""鬼""仙"等字样，谚语有"举头三尺有神明""不做亏心事，不怕鬼敲门""神不知，鬼不觉"，李清照在诗歌中也说"生当作人杰，死亦为鬼雄"。汉代的思想家王充在《论衡·订鬼篇》❶中对社会上盛行的各种鬼神迷信行为进行了有力批判，这也从侧面反映出鬼神信仰的流行。

与神灵崇拜密切关联的是祭祀仪式，我国古代有着悠久的祭祀传统。从"祭"字的字形来看，上半部分左边代表"肉"，右边是"手"的形状，下面是代表神主的"示"字，即一只手持着肉，奉献给神灵的样子。早在先秦时期，卜筮在国家就有着重要的地位。《左传》云："国之大事，在祀与戎。"将祭祀与战争摆放在同等重要的位置，反映出古代先民们对神灵的无比敬畏。而负责沟通天地神灵、执行祭祀仪式的神职人员便是巫觋。古代称女巫为"巫"，男巫为"觋"。

❶《论衡·订鬼篇》："凡天地之间有鬼，非人死精神为之也，皆人思念存想之所致也。致之何由？由于疾病。人病则忧惧，忧惧见鬼出。凡人不病则不畏惧，故得病寝衽，畏惧鬼至；畏惧则存想，存想则目虚见……"

巫觋作为人与神之间的媒介，不但能够主持祭祀活动，还可以预测人的前途、命运以及在民众的人生礼仪中扮演重要角色。在早期氏族部落阶段，人人都有与神灵沟通的权力。但是后来，统治者为了巩固自身的统治，就将与上天对话的权力收归国家所有。《国语》云："乃命南正重司天以属神，火正黎司地以属民……"这记载的就是历史上有名的"绝地天通"❶。"南正重"指的是巫师之类的人，民间的巫与上天沟通的权力被祭司垄断，但是民间的女巫依然为百姓的日常生活消灾解难。

商代的占卜之风极盛，殷人几乎无事不卜。考古人员在殷墟中发现的大量记录占卜结果的甲骨文字便可佐证。汉代以来，佛道二教的传播为民间信仰增添了新的血液。民间吸收了众多佛道二教中的神祇与民间的地方神，构成我国民间信仰的庞大系统。在后世的发展变迁中，民间信仰的体系愈加庞大，神灵的数量和类型都大大增加。

民间信仰中祭祀与祈祷的行为广泛地流行于民间，在人们的生活中占据着重要的地位。人们遇到大事情，或者有所祈求，很多情况下就会向神灵许愿。如果愿望实现了，还要去"还愿"。这种崇拜行为实际上更像是一种交易，人们向神灵许诺好处，而神灵借用自己的"超能力"帮助信众达成心愿。

值得注意的是，祭祀有淫祀和国家祀典的分别。《礼记·曲礼》云："非其所祭而祭之，名曰淫祀。"淫祀是指祭祀没有被纳入官方祀典的神灵，与得到国家承认的、列入国家祀典的神祇祭祀相对应。淫祀并

❶《书·吕刑》孔传云："尧命羲和世掌天地四时之官，使人神不扰，各得其序，是谓绝地天通。"

非一成不变，在漫长的历史长河中，不断有官方统治者认可民间神灵，将其纳入国家祀典。

二、民间信仰的分类

民间信仰分类的方法五花八门，没有统一的标准。

按照信仰的发源地划分，我国民间信仰的神灵可以分为本土神灵和外来神灵。民间自发产生的神灵以及本土宗教道教中的部分神祇构成我国土生土长的神灵；而佛教等外来宗教传入中国以后，带来的诸如佛陀、菩萨、罗汉等则属于外来神灵。

按照崇拜对象的类型，民间信仰可以分为自然神崇拜和社会神崇拜，还可以分为天神、地祇、人鬼崇拜。如果细分，则包括自然崇拜、人神崇拜、灵物崇拜、符号崇拜等类型，其中人神崇拜又包含人形自然神、祖先神、行业神、生育神、世俗神、家宅神、巫觋神等类别❶。民间信仰的种类繁多，杂而多端，有些神祇可以同时属于几种类别，如天妃妈祖既是生育神，又是人格化的"海神"。下面选择世俗生活中较为常见的自然神、生育神、祖先神、行业神进行介绍。

❶ 向柏松：《传统民间信仰与现代生活》，中国社会科学出版社，2011，第18页。

（一）自然神

自然崇拜的历史可以追溯到人类文明的早期。在生产力水平极其低下的原始社会，人们不能够正确地认识世界中各种奇特的现象，人类在自然灾害面前显得尤为弱小。于是人们将生活中遇到的不可思议的事件与超自然力量联系起来，把朝夕相伴、赖以生存的

自然物本身以及自然现象当作神灵来崇拜。自然崇拜的内容十分广泛,诸多自然现象均被视为崇拜的对象,既包括日神、月神、星神等天体崇拜,山神、风神、雨神、云神等天象崇拜,还包括花鸟虫鱼等动物和植物的崇拜。可以说,自然崇拜是无生命与有生命事物崇拜的大融合。人们将自然神摆放在很高的地位进行崇拜。后来人们还赋予了某些自然神人格特征,如人们将水神塑造成舜的妻子"湘妃"——娥皇女英,海神也演变成妈祖。占星术就是在自然神崇拜的基础上应运而生的。后世的史官流传下记录天象的传统,并在史书书写中将其与人间祸福、帝王政治得失相关联。《史记·天官书》就是专门记载宇宙天体星象变化之文,反映早期先民对于天象的认知和崇拜。汉武帝即位后,尤其崇奉"太一神"❶,设立"太一坛","太一神"就是尊贵的北极神。在重大战争前,汉武帝通常会祭祀"太一神"。

(二)生育神

生育神是掌管人间生育的诸神。人类要存续下去,要繁衍生息,就有延续后代的需要。古代人们崇尚多子多福,人丁兴旺,无数的家庭将传递香火视为家族延续的头等大事。早在新婚夫妇举行婚礼时,亲朋宾客就纷纷祝愿新人早生贵子。众所周知,天伦之乐是中国文化中十分重要的组成,儿孙满堂,几世同堂是长辈们的普遍心愿。宗法血缘构建出中国社会的人际网络,乃至于曾经出现"子以母贵,母以子贵"的现象。《孟子》有言"不孝有三,无后为大",历

❶ 太一神(或东皇太一、泰一神)在汉朝的地位最为尊贵,《汉书·郊祀志》记载:"天神贵者泰一,泰一佐曰五帝。古者天子以春秋祭泰一东南郊……"

史上不乏没有子嗣导致家庭破裂的例子，生育神因此在人们的心目中享有崇高的地位。

生育神的历史可以追溯到原始社会时期的生殖崇拜。母系氏族社会有女性生殖崇拜、女神崇拜，从出土的早期陶器和雕塑造型，可以看出生殖崇拜的风气。生育神多为女性神祇。知名的生育神有碧霞元君、送子观音、妈祖、西王母等。进入父系氏族社会，血缘的继承按照父系来计算，于是也出现了掌管生育的男性神祇，如伏羲、保生大帝❶等。随着家庭伦理观念的加强，生育神受到民众的推崇，在民间大受欢迎。

民间求子的风俗盛行不衰，就具体的活动而言，古时候求子的妇女们可能会在女性长辈的陪同下去庙里"拴娃娃"。民间还有在节日里"偷瓜送子"等习俗，由此可以窥见民间的生育信仰。

（三）祖先神

古人有言"万物本乎天，人本乎祖"，祖宗在中国人的心目中有着不同寻常的地位。以血缘关系为纽带，构成中国的家庭与宗族，这便是中国社会的基本"细胞"。进入"家天下"的时代后，祖宗便象征着权威和威严。祖宗是家族的象征，人们认为已经亡故的先人仍然在天有灵，眷顾着子孙后代。祭拜祖先的行为体现着子孙对祖先的深厚感情，在清明节、中元节、祖先祭日等重要的时间节点，人们都需要虔心祭拜祖先，求得祖先庇佑。祭拜祖先的常见地点是祖庙、宗祠，其中供奉着祖宗的牌位和神龛。此外，民间还盛行修族谱的活动，修族谱时浩浩荡荡的队伍象征

❶ 保生大帝，民间称其为吴真人，北宋福建泉州同安县人，悬壶济世、医德高尚，深受人们敬仰，乡民建庙奉其为医神、保生大帝，是我国闽南、潮汕、台港澳地区人民和东南亚民众共同信奉的道教神祇。

着家族香火旺盛。敬祖活动在无形之中加强着大家族内部的联系。

祖先崇拜可以分为不同的层次。其一，集体的祖先崇拜。集体崇拜的祖先神包括神话传说中的祖先神、氏族部落的祖先神等。在这层意义下，人们与共同遵奉的祖先神并不一定有直接的血缘关系，且这类祖先神一般带有神话传说或者具有超能力的性质。古史传说中的国人先祖，如开天辟地的盘古、造人的女娲等，是后人不断塑造其形象的结果。炎帝，又号神农氏，曾教授先民用耒耜耕种，还亲尝百草，先民们才有了粮食与医药。黄帝，也叫轩辕，是部落时代杰出的人物，他在炎帝的基础上，又进一步发展了农业，世人尊奉他为"人文初祖"。祭祀炎帝和黄帝的活动在历史上由来已久，如今主要分为公祭和民祭两种不同的形式。公祭的时间在每年的清明节，人们每年在炎帝陵与黄帝陵举办盛大的祭祖典礼。民祭的时间则是炎黄二帝的忌日，分别在七月初七和九月初九，人们通过祭祀缅怀他们。在原始社会，氏族部落的祖先神通常是氏族中能够保护族人、作出杰出贡献、富有影响力的大人物。

其二，与个体家族有血缘关系的祖先崇拜。这层意义上的祖先神指的是自己家族中的先祖。以往宗族的聚居地常常建有宗庙，庙中陈设祖先的牌位，祖先的牌位象征着祖先的存在。牌位摆放遵循的是"左昭右穆"制。始祖居中，自始祖以下，左为昭，右为穆。父为昭，子为穆，长为昭，幼为穆，以此来区分宗族的长幼。除了建造祖庙，有时候人们还会将上一代的

牌位摆在家中正厅墙壁的供台上，常年摆放祭品，焚香祭拜。个体家庭的祖先崇拜，可加强本宗族内的身份认同，明确血缘的亲疏远近，从而凝聚家族内部的力量。中国人有着浓厚的乡土观念和血缘情怀，人们常说"认祖归宗""落叶归根"，直至现在人们仍然保留着在清明节、中元节祭拜祖先的习惯，以此表达对亲人的怀念和感恩之情。

（四）行业神

行业神是指各行各业的保护神，通常是本行业的祖师爷或者代表性人物，往往象征着本行业的杰出水准，是高质量和信誉度的象征。人们常说"不能砸了祖师爷的招牌"，就是因为祖师爷是本行业公信力的保障，一谈及某一行业便会想起该行业的领军人物，形成行业文化的认同感和归属感。所谓"三百六十行，行行出状元"，人们想在本行业有所成就，争取一席之地，求得神灵的保护，于是对行业神的崇拜油然而生。原始的行业神一般是与生产相关的神灵，多与以农林牧副渔为代表的传统农业有关，如社神、稷神、蚕神等，随着社会分工的进一步细化，衍生出更多的行业，与此相应的行业神被创造出来，如茶神陆羽、酒神杜康、纺织神黄道婆、染业的梅福与葛洪等。

三、民间禁忌与消灾

民间禁忌指的是在特定的时间和场合下，人们不适宜做某些事或者说某些话。民间消灾指的是人们通

过各种信仰仪式来解决困难，以求达到趋吉避凶的目的。民间禁忌和消灾的活动也属于民间信仰的一部分，以贴近日常生活的形式表现出来。

（一）民间禁忌

时日禁忌与传统的阴阳五行、八卦是紧密相连的，人们举行一些重大活动之时往往会仔细挑选黄道吉日，讨个好彩头。时日禁忌在民间影响颇为深远，旧时家家户户都有本黄历，上面详细记载了搬迁、动土、婚丧嫁娶、出行等活动的宜日和忌日。民间忌讳在单日以及没有立春节气的年份结婚等，民间还有"戊日不动土"的习俗等。

数字也被人们赋予了吉祥和不祥的含义。中国人喜欢数字"6""8""9"，因为"6"和"路"谐音，"六六大顺"也就是"路路大顺"，意味着做事会一帆风顺；"8"和"发"谐音，寓意能够带来好运和财运，发财求富；"9"与"久"谐音，代表着长长久久。人们在选择车牌号、门牌号、电话号码时，带"6""8""9"的数字通常都很抢手。在给亲朋好友送礼物时，人们也忌讳送单数。

（二）民间消灾

1. 镇宅

民间存在许多镇宅用品，人们认为可以借此辟邪消灾，典型代表之一就是镇宅石❶。人们在建造房屋之时，在墙角埋上大石，用来"驱逐邪魔，以安家宅"。还有一种镇宅石名为"石敢当"❷，民间认为正门面

---

❶《荆楚岁时记》记载："十二月暮日，掘宅四角，各埋一大石为镇宅。"

❷ 北宋庆历四年（1044），张纬主政莆田时，曾经掘得一块唐朝大历五年（770）的碑石，铭文写着："石敢当，镇百鬼，压灾殃，官吏福，百姓康，风教盛，礼乐昌。"可见，至少在唐朝，人们已经将石敢当作为镇物了。

朝人家屋角，以及大门与后院面对巷口皆为不吉，因此要在"恶向"之地立一块或者嵌一块镇宅石，上面刻着"石敢当"或"泰山石敢当"的字样，具有驱邪、禳解的功能。此外，镇宅之物还有铜镜，人们认为铜器具有辟邪的功能。如果现在走访一些古老的宅院，依旧可以看到石敢当、铜镜的身影。

2. 傩舞

民间流行着古老的傩舞，傩舞是一种驱鬼逐疫的祭祀舞蹈，起源于上古之时驱逐野兽的一种法术。举行傩舞仪式，是为了驱邪除疫，祈求五谷丰登、家人平安、风调雨顺。江西萍乡曾被誉为"中国傩文化之乡"。萍乡地区的傩舞有春季索室驱疫傩、秋季祈福傩、还愿傩、讨米傩、治病傩、催生解产傩等多种类型。其中催生解产傩，是以催生、保生为目的的傩舞仪式，没有时间要求。"到主家即设傩案，启师、请神，化水给孕妇喝，生了，则不跳；没生，至晚以竹片点火照明，跳傩催产。如果是怀孕保产，则请傩神（或傩神面具，或傩兵器，或傩旗）到家，在孕妇房中设傩案，长日香火祭祀，产后送傩神归庙并谢傩神。"[1]傩舞文化，主要流行于被称为"吴头楚尾"的江西，既展现了民俗、宗教、艺术、地方文化的特色，又表达了人们避厄消灾的心理，与人们实际的生活需求结合起来，服务于百姓的生活，还有教化民众的作用。

3. 画符

符被认为有着特殊的法力，可以为人们驱除祸患邪祟。符箓是道士常用的工具，能够沟通神灵、役使鬼神。东汉时期流行于巴蜀一带的五斗米道，就以用

[1] 彭晔琴、叶书麟：《萍乡傩舞考》，《地方文化研究》2021年第2期。

符水为人治病而著称。道士将画好的符箓烧成灰，兑入水中，令病人喝掉，或者让百姓将"符"佩戴或者贴在某个位置。百姓在遇到灾厄时请道士、巫师画符消灾。除了治病用的吞符外，常见的符还有护身符、镇宅符、安胎符等❶。这些符表达了人们对生活的美好愿望，给人们带来心理上的暗示与安慰，但是并没有科学依据，不可盲目相信。如果人们过度依赖"符"，逃避现实，将来愿望落空，可能会带来反效果。尤其是服用符水，可能会对身体产生危害，应予以抵制。

4. 吉祥物与辟邪物

人们给某些事物附会上超自然力的特征，可以招祥纳福、辟邪消灾，这些事物便成为吉祥物和辟邪的物品。吉祥物有仙鹤、喜鹊、摇钱树等，常见的辟邪物品有柳枝、五彩绳等，人们认为将其系在身上可以祛除疾病和不祥。如今，人们对灵物的崇拜已经大为削弱，多数情况下，只是把吉祥物和辟邪物视为好运的象征。

❶ 护身符可佩戴在身上，如衣内、衣领上、袜子里等。镇宅符有镇宅四角符、房内符、地窖符等。

第二节　民间信仰的对象

中国民间信仰的对象十分广博，数目众多。民间的神灵信仰因地域不同而有着地域特色，各地区有着本地信奉尊崇的守护神。本节将对自然神、生育神、行业神以及源自佛道二教中富有代表性的神灵分别进行介绍。

一、自然神

（一）日神

太阳是人们经常能够见到的自然天体，早期先民们有朝夕拜日的习俗。太阳的图案也受到人们的崇拜，在仰韶文化、良渚文化遗址出土的古器物中常常可以见到太阳的图案。人们对于太阳的祭拜由来已久，《史记·五帝本纪》中记载帝喾"历日月而迎送之，明鬼神而敬事之"❶。周代时对日月星辰的崇拜十分盛行，最盛行的是祭祀太阳的活动，《周礼·春官宗伯·大宗伯》曰："以禋祀祀昊天上帝，以实柴祀日月星辰……"

此外，有关太阳的传说也是日神崇拜的表现。古代神话中后羿射日的故事家喻户晓。传说很久以前，天上有十个太阳，它们轮流换岗，可是有一天十个太阳突然想要一起去天空中玩耍。于是，天上同时出现了十个太阳。太阳们玩耍得很愉快，但这下人间就遭了殃，它们的光芒炽热地烘烤着大地，河流干枯，植被枯萎，森林着火，人们焦灼难忍。后来出现了一个名叫后羿的射箭英雄，射中了天上的九个太阳，只留下了一个，人们的生活从此又恢复了宁静。

另外，日食现象也引起了人们的关注，**人们将日食、月食，或其他天象的变化与人间的祸福吉凶联系起来**。在人们看来，天有异象是对现实社会的映照，代表统治者的德行或者政策不当。

❶（汉）司马迁：《史记》，中华书局，1959，第13页。

(二) 社神

《说文解字》段玉裁注说:"社者,土地之主。土地广博,不可遍敬,封五土以为社。"社神就是土地神,被认为是共工之子"后土"。稷神是谷神。古时候的君主要到郊外祭祀土地神和谷神,后来就以"社稷"一词代指国家。

土地神是城隍之下的官吏。土地神的形象多是一个手持拐杖的老爷爷。与土地公公相配的还有一位土地婆婆。人们在社日祭祀社神以求农作物的丰收。粮食是人们安身立命的必需品。《荆楚岁时记》中记载荆楚地区:"社日,四邻并结宗会社,宰牲牢,为屋于树下,先祭神,然后享其胙。"邻里乡亲相聚在一起祭拜社神,举行各种欢庆活动,然后享用胙肉❶。由于祭祀社神,民间产生了"戊日不动土"的习俗。

社日分为春社和秋社,汉代以前只有春社,汉代以后开始有秋社。春社在立春后的第五个戊日,秋社在立秋后的第五个戊日。社日不能拿金属农具耕种土地,以此表达对土地神的尊敬和感激之情,祈求谷物丰收。后来除了社日当天不能耕种土地外,立春后的六个戊日都不能在田间耕种,有的地方甚至直接简化成逢戊则禁,"戊日不动土"便广泛流行于以农业为主的地区。

二、生育神

(一) 碧霞元君

碧霞元君,俗称"泰山娘娘""泰山老母""泰

❶ 胙(zuò)肉,祭祀时供奉神的肉。

山玉女"，是"庇佑众生"的女神。"元君"是道教中对女神的尊称。关于碧霞元君的身世有诸多说法，传说碧霞元君是泰山之女，是黄帝所遣玉女。还有一种说法，碧霞元君其实是汉代修道成仙的女子石玉叶。宋真宗时，碧霞元君被封为"天仙玉女碧霞元君"❶。

碧霞元君神通广大，拥有观察人间善恶、护国安民等能力，但她最突出的神力是保生赐子，是百姓眼中的生育神。她主宰人间的生儿育女，其形象通常为一个抱着小孩面带微笑、和蔼慈祥的妇女。碧霞元君在民间，尤其在山东地区，有着广泛的影响力，是道教中一位地位显赫的女仙。民间流传着"北元君、南妈祖"的说法，碧霞元君十分受北方信众的推崇。

碧霞元君在元代被正式纳入道教神仙谱系，在清代被纳入官方祀典。人们对于碧霞元君的信仰肇始于宋代，到了清代已经极其兴盛。各地普遍建有娘娘庙，前来供奉的香客络绎不绝。

（二）麻姑

麻姑是道教女仙谱系中的一位地位崇高的神仙，被尊奉为麻姑元君。麻姑长得年轻貌美，形象似一妙龄少女，长发垂腰，但实际年龄无法判断，除了手似鸟爪，其他地方和常人无异。

传说麻姑本是建昌（今抚州市南城县）丹霞山中的一个村姑❷，因为食用茯苓而升仙，获得长生，后又遇到太上老君赐予仙丹，传授解除灾厄的法术。成仙之后，麻姑造福村民，给家乡带来了大丰收，乡亲

❶ 清人张尔岐在《蒿庵闲话》中记载："元君者，汉时仁圣帝前，有石琢金童玉女，至五代，殿圮像仆，童泐尽，女沦于池（按：指泰山岳顶'玉女池'）。宋真宗东封还次御帐，涤手池内，一石人浮出水面，出而涤之，玉女也。命有司建祠奉之，号为圣帝之女，封天仙玉女碧霞元君。"

❷ 关于麻姑的来历，有很多不同的说法。一说麻姑是神仙王方平的妹妹，还有一种说法是她是后赵时期将军麻秋之女。

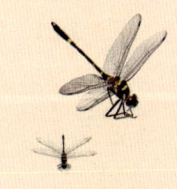

们因而愈加崇拜麻姑。百姓为麻姑造像,以此纪念她。唐代开元年间还出现了祭祀麻姑的麻姑庙。"山以仙名,仙以人显",丹霞山因而也改名为麻姑山。"沧海桑田"这一成语也是源自麻姑,因为麻姑亲身经历了三次沧海桑田[1],所以被人们视为女寿星。

谈到麻姑,最为人们津津乐道的便是"麻姑献寿",它是中国寿文化的代表性故事。相传农历三月初三是西王母的寿辰,西王母举办蟠桃会宴请众仙,麻姑等神仙也应邀参加寿宴。麻姑用麻姑山绛珠河畔的灵芝酿成酒,在蟠桃会上献给西王母。

[1] 东晋葛洪《神仙传·麻姑》中记载:"麻姑自说云:接侍以来,已见东海三为桑田。"

● 【元】 元人画麻姑献寿 轴

麻姑信仰在民众中广泛传播。唐代书法家颜真卿在任抚州刺史的时候，曾大力推崇麻姑文化，亲自撰写了流传千古的《麻姑仙坛记》，大大提升了麻姑的知名度和影响力。后来，建昌府的官吏每年七月七日都要上山祭拜麻姑❶。麻姑深受民间百姓的尊崇，至今仍然有不少民众怀着祈子、求福、消灾等心愿前往麻姑山祭拜，向妇女祝寿时送麻姑献寿图，春节贴麻姑年画。

❶ 曹国庆、胡长春：《麻姑的传说及其信仰民俗》，《江西社会科学》2000年第7期。

（三）妈祖

妈祖，又称"天后""天妃""天上圣母"等。妈祖祭祀与祭孔大典、黄帝陵祭典合称"中华三大祭典"。

沿海地区民众的生计依赖于海洋航行，然而风浪的侵扰是影响百姓生命安全的重要因素，因而船员们选择向神灵寄托心愿，祈祷一路平安，一帆风顺，并逐渐形成了妈祖信仰。妈祖是护佑船员出航的保护神，在沿海地区普遍流传，受到千千万万信众的供奉。船员出海前，都会前往妈祖庙祈福，并在船上设妈祖牌位❷。

❷ 明朝陈侃在《使琉球录》中记载："舟后作黄屋二层，上安诏敕，尊君命也，中供天妃，顺民心也。"

妈祖真名叫林默，福建莆田人，是海边渔民的女儿，生活在北宋初期。善良的林默姑娘经常去救助遇难的船员，又能准确地预测天气，擅长医术，因而受到乡亲们的喜爱和崇拜。然而，年轻的林默在一次救援船员的行动中不幸牺牲，乡亲们悲痛交加，修建了祠堂来纪念林默。登仙之后的林默还继续显灵，守护船员，渔民出海前通常会先往妈祖庙祭祀，占卜吉凶。

海上交通面临着恶劣天气、风浪礁石等危险,随着海上贸易的发达,妈祖的地位也在不断提升。妈祖是海上女神、漕运女神,受到民众的推崇和爱戴,妈祖祭典更是跻身国家祀典的行列。据说,妈祖曾为"郑和下西洋"保驾护航,"郑和下西洋"也将妈祖信仰传播到途经的沿海国家。后来妈祖又被赋予了送子的功能,天后宫会为信众们提供"拴娃娃"之类的求子活动。

每年的农历三月二十三日是妈祖圣诞,农历九月九日是妈祖的忌日,这两天沿海居民会举办盛大的妈祖祭祀活动。妈祖庙广布中国沿海及东南亚、日本、朝鲜等地。时至今日,妈祖信俗被联合国教科文组织列入人类非物质文化遗产代表作名录,成为世界性的文化遗产。

三、道教神灵

(一)太上老君

谈到太上老君,也许大家的脑海中立刻会浮现出《西游记》中身着道服,满头白发,在炼丹炉旁的老君形象。其实,太上老君是道教里的"三清"❶神之一,也被称为道德天尊。

太上老君的原型为先秦时期道家学派的创始人老子。老子原名李耳,字聃,春秋时期楚国人,是我国著名的思想家。据《史记》记载,孔子曾经问礼于老子,孔子曾对老子发出"犹龙"之叹。德国哲学家

---

❶ 三清:道教的三位至尊神,分别为玉清元始天尊、上清灵宝天尊、太清道德天尊。

雅斯贝尔斯高度赞誉老子，称其为"原创性形而上学家"。老子是一位极具神秘色彩的人物，相传老子的母亲怀孕七十二年，老子才降生，生而头发已白，因而称为"老子"。还有故事传说，老子生于李树之下，所以姓李。《史记》中记载，老子本是周王室的守藏室史（相当于国家图书馆馆长），见周王室衰微，于是骑着青牛归隐而去，路过函谷关时在关令尹喜的挽留和要求下，留下了文章五千言，这篇著作就是赫赫有名的《道德经》（又称《老子》）。

汉代以来，老子不断被宗教化❶，道教初创之时老子就被奉为道教里的至尊神，演变为太上老君，位列"三清"。道教宫观三清殿中，玉清元始天尊位居中央，上清灵宝天尊居右，太清道德天尊居左。《道德经》也被尊奉为道教经典，为道门弟子需要熟知的功课。唐代统治者姓李，将老子追封为祖先，并几次对太上老君加上封号，又将道教奉为国教，唐高宗册封老子为"太上玄元皇帝"，大大提升了太上老君在民间的影响力。农历二月十五日为太上老君圣诞，民间纷纷举办祭祀太上老君的活动。民间祭祀太上老君的主要场所叫作"太清宫""老君庙"。

《道德经》的影响力绵延千年，是世界上被译为外文最多的书籍之一，排名全球第二，仅次于《圣经》。老子深邃的哲学思想对于当今社会依然是宝贵的精神财富。鉴于太上老君在民间的影响力，铁匠、窑匠、补锅匠、金银业都将其奉为本行业的行业神。

❶ 老子被宗教化后，其相貌也被神化。《史记·老子列传》中记载："身长八尺八寸，黄色美眉，长耳大目，广额疏齿，方口厚唇，额有三五达理，日角月悬，鼻有双柱，耳有三门，足蹈二五，手把十文。"

●【明】 顾绣八仙庆寿挂屏（十二）吕洞宾 轴

（二）八仙

道教中的八仙为人们所熟知，八仙之名虽早有流传，但直到明代吴元泰的《八仙出处东游记》，才将八仙确定下来，分别是铁拐李、钟离权、张果老、何仙姑、蓝采和、吕洞宾、韩湘子、曹国舅。

有关八仙的最脍炙人口的故事莫过于"八仙过海"。传说这八位神仙拥有各自独特的宝物，铁拐李有铁杖和葫芦，钟离权有芭蕉扇，张果老有纸叠驴，何仙姑有莲花，蓝采和有花篮，吕洞宾有宝剑，韩湘子有笛子，曹国舅有玉板。一天，八仙参加完王母娘娘的瑶池寿宴，从东海上经过，忽然吕洞宾向同伴们提议不搭船，而是把自己的宝物扔到海面上，凭借各自的法器渡过大海，看看谁的本领更神通广大。正在八位神仙各施法术，相互角逐之时，东海龙王之子掳掠了蓝采和。其他七位神仙见状，齐心协力，分别斩杀、打伤了东海龙王的两位太子，最后经过诸位神仙的调解才解决了这件事。这便是民间谚语"八仙过海，各显神通"的来历，后来用来比喻人们做事各有各的办法或者指代各自拿出本领相互比赛。民间流行的"八仙桌"指的就是每面可以坐两人，四面正好可坐八人的大方桌。

（三）财神

富裕是人们的普遍追求，中国人对财神的信仰由来已久。人们崇奉的财神还有文财神、武财神之别。文财神主要有比干、范蠡和福禄寿三星中的禄星，武财神有赵公明、关羽，此外还有偏财神五路神、准财

神刘海蟾。

文财神通常是文官形象,头戴纱帽,面带笑容,锦衣玉带。比干是商纣王时期的宰相,为人正直忠诚,常常诤谏商纣王。传说荒淫无道的纣王愤怒地对比干说:"我听说圣人的心有七窍,我倒是要看看你的心是不是七窍。"于是将比干的心剖出来。比干因为忠君爱国而被称为"亘古忠臣"。因为传说比干没有心,便不会有私心,办事公道,所以后人将比干奉为维护商业公平的文财神。范蠡是春秋末战国初有名的政治家和大商人。他本为越王勾践手下的谋臣,在帮助勾践一洗会稽之耻灭了吴国之后,深知"狡兔死,走狗烹,飞鸟尽,良弓藏"的道理,功成名就后急流勇退。传说他携美女西施,泛舟五湖,以经商为业,成为远近闻名的富豪,自号为陶朱公,被后人尊称为"商圣"。

武财神主要有赵公明、关羽。赵公明为左手持元宝,右手持铁鞭的形象,本为厉鬼和瘟神,后来转变为财神❶。人们常说的五路财神,指的是赵公明和他的四个义兄弟。关羽本是三国时期蜀国的一员猛将,以忠义著称,其形象高大威猛,有美须髯,胯下赤兔马,手持青龙偃月刀,威风凛凛。忠义诚信为经商的基础,世人欣赏关羽忠义的品质,所以将关羽奉为武财神。正月初五民间会举行迎财神的活动,祈求财源广进,生意兴隆,财神成为人们精神上的寄托。

(四)城隍

城隍是地方的保护神,具有守护城池的职能,后

❶ 东晋时期,据干宝在《搜神记》中的记载,赵公明是一位冥界招募鬼卒的将军。元朝时,《三教源流搜神大全》中记载赵公明"至如公讼冤抑,买卖求财,可对神祷,无不如意",可见当时民间已将赵公明作为财神祭拜。明清时期,由于《封神演义》的故事深入人心,财神庙香火极盛。

来也成为掌握当地冥籍、水旱吉凶的神。城隍是民间和道教共同信奉的神灵，很多地方都建有城隍庙供奉城隍。宋代时，城隍信仰已经被纳入国家的祀典。

城隍一般由生前在当地有一定影响力，为当地作出过贡献的人担任，因而各地拥戴的城隍神可能不同。人们将神灵崇拜人格化，甚至为神灵构建出家庭成员，与城隍神相匹配的有城隍夫人、城隍少爷、城隍小姐。

人们还举办诸多活动祭祀城隍，祈求保佑本地风调雨顺、五谷丰登、百姓安康。各地区供奉的城隍不同，城隍庙的规模也不同，因而各地的城隍祭祀活动有些许差异。

四、行业神

（一）文昌神

文昌神是负责掌管人间功名利禄的神灵，在民间备受尊崇。文昌神信仰的来源主要有两方面，一个是由来已久的星辰崇拜，另一个是对梓潼神的信仰。文昌本是天上星官的名字，属于紫微垣，包含六颗星宿，分别是上将、次将、贵相、司命、司中、司禄[1]。其中文昌"司禄"的职能在人们心目中越来越突出，乃至于成为专门掌管人间利禄的神祇，相当于福禄寿三星中的禄星。而梓潼神本是四川地区供奉的保护神，受到统治者的推崇而声名鹊起。

到了宋代，梓潼神与文昌神信仰顺时而变，发生了合流。宋代重文轻武的环境加上浓厚的科举之风，催生出广大学子对于仕途的执着追求。传说梓潼神能

[1]《史记·天官书》云："斗魁戴匡六星曰文昌宫：一曰上将，二曰次将，三曰贵相，四曰司命，五曰司中，六曰司禄。"

够保佑学子取得功名,有关梓潼神显灵的故事被编造传播开来,南方地区信奉梓潼神的文人愈来愈多,由此梓潼神实际上便发挥着文昌神的功能,掌管着人间的文运、科举、利禄,梓潼神与文昌神便发生了交汇,俨然合为一体。

在古代,读书做官是改变身份地位的一条光明大道。民间长久流传着"学而优则仕""朝为田舍郎,暮登天子堂。将相本无种,男儿当自强"的诗文。隋唐时期创立科举制度,拓宽了读书人实现抱负的人生道路,自宋代以来尚文的风气愈加浓厚。有志于通过科举求取功名的文人士人,热衷于在临考前到文昌宫祭拜文昌神,希望考场上思如泉涌、对答如流,一举高中。

随着文昌神信仰的平民化、普及化,普通的百姓也祭祀文昌神。全国各地分布着大大小小的文昌庙、文昌殿。人们对于功名利禄的渴求,引发文昌神信仰在全国的盛行,文昌神由一个地方性的小神摇身一变为影响全国的大神。在清代还形成了文昌诞节,二月初三是文昌神的诞辰,人们举行热闹的祭祀活动。现代的莘莘学子,也有在重大考试前祭拜文昌神的习惯,以保佑其取得好成绩。

此外,文昌神还是文具行业的行业神。笔墨纸砚是人们书写不可或缺的工具,正是由于文昌神具有主管文运的特质,文具行业将其尊奉为行业祖师,在重大节日里祭祀文昌神,祈求生意兴隆。

（二）茶神陆羽

中国是茶的故乡，茶文化博大精深。生活中，饮茶是人们休息、消遣的方式，沁人心脾的香茶，既能解渴又能放松身心、缓解疲劳。"柴米油盐酱醋茶"俗称"开门七件事"，是老百姓日常生活中的七样必需品，茶也属于不可缺少的生活必备品。茶馆曾经遍地开花，茶叶、茶馆生意是重要的行业。王笛的《茶馆：成都的公共生活和微观世界（1900—1950）》一书就以微观史学的视角记录了茶馆饮茶在近代成都人生活中所扮演的角色。

世界上现存最早的关于茶道的专著是唐人陆羽所著的《茶经》，记载了十分丰富的关于茶的生产、特性、茶具、煮茶饮茶的方法等内容。陆羽，字鸿渐，复州竟陵（属今湖北省）人，生活在唐玄宗至唐德宗时期。陆羽身世坎坷，从小遭到父母抛弃，后被龙盖寺的僧人收养。但是陆羽并不喜欢庙中的生活，他曾经当过优伶，还扮演丑角。后来，陆羽通过勤奋苦读，具有很高的文化素养，与颜真卿、女冠诗人李季兰、僧人皎然交情深厚。陆羽一生淡泊名利，不愿入朝为官，而痴迷、精通于茶道，多次寻访深山大川，足迹遍布祖国的大江南北。陆羽采茶品茶，多次躬身实践，潜心研究，对于茶理论有诸多贡献。《新唐书·隐逸传》载："羽嗜茶，著经三篇，言茶之原、之法、之具尤备，天下益知饮茶矣。时鬻茶者，至陶羽形置炀突间，祀为茶神。"[1]陆羽死后被世人尊奉为"茶圣"。茶农、茶商便以陆羽为行业神，祭祀陆羽以祈求生意兴隆。

[1]（宋）欧阳修、宋祁：《新唐书》，中华书局，1975，第5612页。

●【元】 赵原 陆羽烹茶图

起山坐渴思長呼童前煎茗滌腸軟塵落磑飛團綠活水翻鱟蟹眼黃耳底鳴輕著韻鼻風過細聞一甌洗得朣朧飽觀日溪雲水鄉窺斑

（三）药王孙思邈

药王，是对古代医术高超的名医以及传说中的神医的美誉，经后世神化成为主管医药的神灵，主要有扁鹊❶、孙思邈、王叔和❷等人。药王殿里通常供奉的是药王孙思邈的造像。孙思邈，陕西华原人，是唐代著名的医药学家、道士，道教中尊称他为"孙真人"。道教追求"长生成仙，济世度人"，因而学习医术是达成目标的有效方式。自古"医道通仙道""医道同源"，我国历史上的很多名医都是道士、方士，如扁鹊、华佗、陶弘景等。孙思邈少而能文，涉猎经史子集，博览群书。他常年隐居终南山等地，行医修道，不畏艰难，亲自采集草药。孙思邈倡导"医食同源"，强调养生，开创了"养生十三法"，著有《千金要方》《千金翼方》，全面总结了唐代及以前的医药学知识，提出了一系列养生的原则和方法，至今仍然在医药学中发挥着重要作用。

此外，孙思邈十分重视医德，认为"人命至重，有贵千金。一方济之，德逾于此"，意思是人的生命非常重要，比千金还要贵重，开一付方子治好病人的病，最大的功德也莫不如此。孙思邈以为医者不要计较个人得失，要以济世救人为己任，而不能借机索取病人的财物。中医药学是打开中华文明宝库的钥匙，是人类宝贵的财富，孙思邈为我国的中医药学作出了重要的贡献，深受百姓的爱戴，后世尊称他为"药王"。许多道教宫观里都建有药王殿，每年阴历四月二十八日会举行药王会等活动，人们前往药王殿祭拜孙思邈，纪念他对于中医药事业的杰出贡献，祈求家人身体安

---

❶ 扁鹊，春秋战国时期的名医，相传中医典籍《难经》就是扁鹊所著，他还是首位运用"望、闻、问、切"和最早将脉诊用于临床的医生。

❷ 王叔和是魏晋年间著名的医学家，他整理了《伤寒论》，并著有《脉经》。

康、福寿延年。

（四）酒神杜康

酒神之一为杜康，相传杜康是最早酿酒的人。杜康也名少康[1]，是夏朝的君主，他开创了历史上著名的"少康中兴"局面。传说少康流亡在娘家"虞"的时候，经常要携带食物去野外放牧，为了方便，他经常将食物放置在树上。有时候，少康忘记了吃饭，或者没有及时将食物取下来，后来他发现遗留的食物竟然有着一股奇特的味道，并且流着清香的浓汁。少康经过反复试验，逐渐摸索出酿造酒的方法。后人纷纷效仿，并将以杜康酿酒法酿出的酒称为"杜康酒"。曹操在《短歌行》中云："慨当以慷，忧思难忘。何以解忧？唯有杜康。"其中的"杜康"指的就是美酒，后世酒行业的商人便将杜康奉为行业鼻祖。

第三节　民间信仰的特征

通过对民间信仰的类型和对象的介绍，我们可以从中发现民间信仰的一些显著特点。

其一，民间信仰具有显著的功利性。历史学家蒲慕州在《追寻一己之福：中国古代的信仰世界》中写道："官方宗教的目的偏重国家社会的福祉，民间信仰则主要在求一己之福。"[2] 民间信仰往往植根于社会现实的土壤，源自民众个人的需求。人生不如意之

[1] 许慎《说文解字·巾部》："古者少康初作箕帚、秫酒。少康，杜康也。"

[2] 蒲慕州：《追寻一己之福：中国古代的信仰世界》，上海古籍出版社，2007，第4页。

事十有八九,天灾人祸残酷无情,无力改变现状的劳苦大众只好将心灵的寄托转向神灵,通过虔诚祭拜祈求神的帮助。民间崇拜的神灵通常与百姓自身的前途、家庭相关,如祖先神、生育神、各行各业的行业神等。民众通过祈祷供奉神灵,以期望实现小家庭的美满,抑或是摆脱内心的苦闷,寻找心灵的寄托。一旦愿望灵验,人们通常会以还愿的形式,对神灵作出报答,比如为庙里捐功德钱、为神像重塑金身等。民间信仰活动类似于一种交易行为,民众在许愿之时允诺事成之后对神灵的报酬,并捐赠香火钱,神灵则帮助百姓实现心愿。民间信仰的功利性还体现在信众对于神灵职能的叠加。我国民间有众多的神灵,他们本该各有各的专门职能,但是由于人们对于某些神灵的偏爱和推崇,强行给其增加职能,以方便满足民众的多种需求。如天后妈祖本是航海渔民崇拜的护航女神,后来人们出于求子的需要,又给妈祖增加了送子的功能,因此在天后宫中就出现了"拴娃娃"❶的求子活动。正是由于民间信仰的功利性,和现实利益关联紧密的那些神灵受到人们的追捧而香火日盛。直至今日,保留下来的是一些影响力仍然很大,具有广泛知名度和受众群体的民间神灵,如碧霞元君、财神、妈祖等,而那些职能冷门或者不适应社会需要的神灵则逐渐遭到冷遇,乃至被人们遗忘,如正月十五元宵节祭祀厕神紫姑的习俗在近代以来已慢慢淡出人们的视野。

其二,中国的民间信仰呈现出多样性的特征。我国的民间信仰是一种典型的"多神崇拜"。人们崇拜的对象不计其数:有对日月星辰、风雨雷电、

❶ 众多寺庙、道观都提供"拴娃娃"的业务,和尚与道士们准备了大量手艺人泥塑的娃娃,一个个活泼俊俏,凡是求子的妇女,在许愿供奉之后都可以挑一个,用红绒绳系在脖子上带回家。

土地山川、动植物等自然神的崇拜；也有将神话传说中的人物奉为神灵的，如黄帝、炎帝、共工、夸父等人神崇拜；还将某些宗教中的神灵如碧霞元君、观音菩萨等也纳入民间的信仰体系；还流行对人鬼的崇奉，如对祖先的供奉等；此外，还有一些民间禁忌以及消灾的活动。作为非宗教人员的广大普通百姓群体，他们的信仰大多不拘泥于某一个宗教派别，而是广泛接受各种灵验的神灵。人们不仅崇拜有助于人的神，同时也祭祀那些危害人间、代表邪恶势力的恶神。民间信奉的神灵不仅数量众多，而且种类各样，各司其职。人们根据自己的需求去供奉不同的神灵，妇女求子就会去拜碧霞元君、送子观音；各行各业会祭拜自己的行业神；农民祈求土地丰收，会举办土地神的祭祀活动等。

其三，民间信仰具有突出的包容性。民间信仰与其他的信仰处于交流互动的开放状态。对于不同宗教谱系中的神灵，人们也能普遍接纳，这种跨宗教的神灵崇拜称为多重崇拜，又叫作"多层复合信仰"，这是我国民间信仰的一个显著特征。众所周知，儒释道三教在时代的浪潮中逐渐融会，相互借鉴，这种趋势在民间信仰中也有所体现。在道教的神灵体系中，吸纳了儒佛两教的重要人物，并且还吸收了一些三教之外民间崇拜的对象。在道教的宫观中可以看到孔子、孟子的铜像。同样，寺庙中也可见道教的神像。在民间，我们甚至还能见到僧道同时做法事的场景。

其四，民间信仰有浓厚的神秘色彩。人们崇尚未卜先知的能力，对于未知的事物通常充满好奇的心

理。早期的巫觋信仰便是民间信仰的渊源之一，巫师被认为有与神灵沟通乃至役使鬼神的能力，祭祀在早期国家的生活中有着不可替代的地位。佛道二教以及各路仙家做法事时用到的符咒、法器，颇具神圣性和威严性。在世人眼中，巫师拥有沟通鬼神天地的非凡法力，能够使用常人听不懂的咒语，或者用具有神圣性的文书向神灵上表奏章，将祈求之事上达天上的相关神灵。朱砂、青纸、黄纸是道士、巫师们上奏常用的材料。还有很多与法事相配套的用具，如铃铛、动物的血或皮毛等，颇具神秘色彩。做法事时，巫师仿佛神灵附体，哼唱咒语，跳舞摇摆，营造出诡异的氛围。正是这些普通人看不懂又捉摸不透的仪式，致使人们产生敬畏之心，给民间信仰增添了神秘的色彩。此外，民间信仰渗透百姓生活的方方面面，从事哪一行业便有相应的行业神供人们祭拜。而且人们的日常生活中也充斥着诸多禁忌，如不能说不吉祥的话、触碰不洁的东西，在特定的节日还有节日里的禁忌，房屋选址要请风水师进行测算等。人们一旦触犯了禁忌，就会被认为可能会招来厄运。市井生活中更有算卦、占卜、看相等形形色色的活动充斥着百姓的生活，当然，这些活动均具有封建色彩，现代人一般将其用于娱乐消遣。

其五，民间信仰与官方信仰交融互动。在古代，民间信仰是相对于官方信仰而言的，民间的崇拜行为多是个人自发的行为，官方的信仰多出于神道设教的政治性目的，规模宏大而庄严有序，参与的人员多为皇室成员和高级官员，许多普通民众无法参与官方的

祭祀。当然，民间信仰与官方信仰并不是完全脱节的，官方信仰的一些仪式脱胎于民间信仰，并且统治者也会将民间信仰中一些有影响力且益于统治的神祇纳入官方祀典。官方崇拜的参与者一旦回到家中，可能也是民间神灵虔诚的信徒。民间信仰得到官方统治者的支持后，传播范围和影响力都会有很大提升，但民间信仰也不会漫无边际地自由生长，会受到统治者的管控。

第四节　民间信仰的历史与现状

传统的民间信仰从人类早期文明时代发展到现代，不论是在形式上还是内容上，都已经与最初的形态迥然不同。人们的信仰崇拜包含着复杂多样的目的，纯粹的俗神信仰只有一部分被保留下来，民间信仰中迷信的成分不断被剥离出来，遭到时代的淘汰。民间崇拜的活动更像是一种生活上的仪式，大部分人并不把希望全部寄托于神灵、灵物之上，而更多的是对于活动本身美好寓意的认同以及集体文化的归属感。时至今日，民间信仰与人们的日常生活仍然保持着密切的联系，人们的祭祖活动、生活中的习俗禁忌、吉祥物无处不体现着民间信仰的影子。民间信仰是一把双刃剑，既能够给社会带来积极正面的影响，也存在着消极的作用。因此，了解民间信仰的现状和利弊，将为我们把握民间信仰的社会角色提供更加清晰的

定位。

民间信仰历史悠久，是社会发展的特定产物，它根植于社会实践，至今和人们的日常生活还有着千丝万缕的联系。神祇的功能与百姓的愿望不谋而合，发挥着重要的作用。学者从社会学的角度指出，当原有的社会运行机制遭到破坏时，面对生活上的困难与威胁，民众会心理失衡，精神上无所适从，因此为民众提供心灵慰藉的民间信仰恢复生机并迅速发展❶。在古代战乱频仍、天灾人祸的阴霾之中，民间信仰是百姓在痛苦迷茫之中的精神支撑。民间信仰在社会转型的动荡期间得到发展，成为无数苦难人民宣泄情感的渠道。此外，共同的信仰对于团结地域性的商帮有着不可忽视的作用。历史上，人们将本地著名的神祇作为本地商人共同供奉的神灵的现象并不罕见，如以江西地区为核心散布全国的万寿宫承担起商业会馆的功能，其中供奉的便是江西地区的代表性神主许真君❷。

值得注意的是，民间信仰的势力虽然不如以前，但它仍然拥有不可忽视的影响力，尤其是在广大乡村社会，有着相当多的信众群体和根深蒂固的传统仪式。伴随着科学技术的发展，民间信仰也在与时俱进，封建迷信的成分在减少，某些符合客观规律的民俗习惯保留了下来，在形式和内容上都有创新。

近现代以来，民间信仰在现实生活中起着团结社区、推动经济发展等积极的社会功能，而其中的宗教性质已经逐渐弱化，许多腐朽落后的民俗已经被淘汰，信仰民俗更多的是满足人们内心的情感诉求。如人们对祖先的崇拜，是中国人对祖先难以割舍的情怀，成

---

❶ 梁家贵、武云：《民间信仰与新时期和谐社会的构建——以皖北地区为中心之探讨》，《东方论坛》2007年第6期。

❷ 许真君，原名许逊，字敬之，汝南（今属河南）人。他是东晋著名道士，曾为旌阳县县令。据《太平广记》记载，许真君曾巧解迷梦，阻止王敦造反，还斩杀蛟蜃之精，为民除害，后来全家42口拔宅飞升。宋朝时期，宋徽宗封许真君为"神功妙济真君"。

为维系家族的一条纽带。在清明节、中元节，祭拜祖先的活动绵延不绝，起到慎终思远、化育人心的积极作用。此外，各种各样的吉祥物充斥在人们的生活当中，走在大街小巷，时常能够看到貔貅❶、金蝉等吉祥物，寄托着店家对生意兴隆的美好愿景。

❶ 传说貔貅是龙的第九子，神通广大，吞金食银，只纳不泄，有旺财、聚财的作用。

民间信仰极易受到社会变迁的影响，近代历史上开展了多次移风易俗的运动，戊戌变法、辛亥革命、五四运动、新文化运动等冲击着人们的旧思想，西方的思想文化、生活习俗涌入我国的传统社会，挑战着人们固有的生活方式和价值理念。新文化运动大胆提出"提倡民主与科学，反对专制、愚昧和迷信"的口号，启蒙思潮有力地促进了社会风气的变迁，民间信仰中愚昧落后的部分成为被强烈批判的对象。如今，随着科学技术的进步，生产力提高，人们的物质生活得到了前所未有的满足，应对天灾人祸的能力大为提升，温饱、医疗等问题也得到了解决，再加上教育的普及，人们通过学校教育获得科学知识，对于自然有了更理性的认知。人们不再需要事事祈求神灵，对于神祇的崇拜自然不如以前那么普遍，因此鬼神崇拜以及一些迷信活动自然就走向衰微。

我们应当看到，盲目崇拜神灵、迷信与愚昧会造成严重的后果。一些不良的民俗腐蚀人们的思想，少部分民众为了求得神灵的护佑终日疑神疑鬼，甚至散尽家财，做出一些不可思议的举动。近代思想家、政治家、史学家梁启超在《论小说与群治之关系》中感慨："今我国民，惑堪舆，惑相命，惑卜筮，惑祈禳，因风水而阻止铁路，阻止开矿，争坟墓而阖族械斗，

> ① 王侃、颜敏主编：《中国现当代文学史（第 3 版）上册》，上海：上海教育出版社，2020，第 5 页。

杀人如草，因迎神赛会而岁耗百万金钱，废时生事，消耗国力者，曰惟小说之故。"① 首先，迷信侵蚀人们的思想，阻碍科学事业的进步。如果盲目地将人生的幸福寄托于求仙问卜之中，时刻战战兢兢，逢事必卜，将没有关联的事情联系起来，把生活中的坏事和好事视为上天降临的祸福，甚至引起妖术恐慌，这就严重地扰乱了人们正常的生活。依靠信仰神灵而逃避现实并不能从根源上解决问题，反而可能深陷泥潭不能自拔。迷信对科学的消极作用不言自明，近现代历史上因为迷信而阻碍科学事业发展之事屡见不鲜。其次，迷信会消耗大量的人力、物力、财力。唐代诗人杜牧写道"南朝四百八十寺，多少楼台烟雨中"，"四百八十"虽然只是一个虚数，但也足以说明南朝时期江南地区寺庙之众，耗费之多。每年民间举办的各种神灵祭祀活动，从准备到正式开展可能就历时数月，耗费巨大，就连普通的进香、还愿、办法会等，也同样花费了百姓大量的钱财。

总而言之，我们既不能将民间信仰视为封建迷信一概论之，也不能全盘肯定民间信仰的内容，应当正视民间信仰习俗良莠不齐的情况。

通过上述的分析并结合现实情况，我们可以总结出民间信仰的以下几点现状。

首先，崇拜对象的宗教性在削弱。普通大众的崇拜活动的宗教性其实并不突出，活动仪式代表吉祥如意的象征意义胜于其本身的宗教内涵。更何况，随着时间的推移，一些原本出于神灵崇拜的活动现今更多的只是表达对文化的传承与未来生活的美好期待。如

春节的时候人们贴门神画像、挂春联，已经不再是以辟邪驱祟为目的了，而是作为对中华民族传承已久的共同习俗的遵守，增添节日喜悦热闹的氛围。商人们祭拜财神、行业神，其实是地域性或行业性的商业文化认同，为生意兴隆讨个好彩头。一些民间崇拜的对象经过后人的多次加工，加上了纪念历史人物的内容，起着垂训后世的作用，如端午节最初可能与龙图腾崇拜有关，后来增加了纪念屈原等人的内容。总之，民间信仰最初趋吉避凶的含义已经淡化，内容和形式保留下来。民间信仰在岁月的流转中转变得更像是一种传统文化的符号，它连接着过去、现在与将来，寄托着人们对于生活的热爱与憧憬。

其次，民间信仰给经济产业的发展带来新机遇。以旅游业为代表的第三产业蒸蒸日上，促使人们将视野移向民间信仰经济价值的开发。有些民间的宫观庙宇依山傍水，处于环境优美的自然风光之中，并且以其独特的人文景观、历史文化成为广受欢迎的旅游景区。这类景区依靠天然的环境优势，再加上现代的科学技术、舞台灯光效果，以赏心悦目的艺术形式向大众演绎神灵背后的故事。前来参观、进香的游客络绎不绝，乃至于发展成为极具潜力的商业模式。每年各地兴办的庙会，不仅是盛大的神灵祭祀会，也为商业贸易的开展提供良好的机会，促进当地居民增收致富。从人们常使用的"逛庙会"❶一词中，可见庙会娱乐性、休闲性的特点，人们借此契机进行生意买卖、购置家庭用品、观看表演放松身心。

❶ 比如安徽湖阳庙会、河南淮阳太昊陵庙会、开封万岁山宋都大庙会。

再次，崇拜对象的范围在缩小，仪式简化。民间

信仰产生于人们的生活实践，又服务于大众的生活需求，随着大众需求的变化而变迁。早期先民们的信仰体系中认为"万物有灵"，将周围的自然现象、动植物都视为具有灵性的存在。随着人们对自然认知的加深，他们将崇拜的神灵进行筛选、剔除，保留了那些与生活诉求密切相关的神灵，更多不再满足人们实际需求的民间神灵则湮灭在历史的尘埃之中，例如曾经在民间颇有影响力的"厕神"紫姑。江西一些地区就有祭祀紫姑的习俗，紫姑因其知祸福的能力为人们所青睐，在求取功名的读书人中拜紫姑甚为流行，在丰城一带就有向紫姑扶乩问卜功名的习俗。而现在紫姑已经渐渐被人们淡忘，正月十五元宵节民间祭祀紫姑的活动很少出现在人们的视野当中。但是具有广泛影响力的神祇依然受到人们的尊崇，比如妈祖庙依然香火旺盛，妈祖祭典是中国沿海地区、东南亚的华人华侨心中不可磨灭的记忆，而妈祖俨然成为联结海内外中华儿女的精神纽带。

最后，祭祀的典礼数量也在变少，一些祀典被废除、遗忘，湮没在时代的浪潮中。以前的祀典会讲究烦琐的仪式、严格的程序，现在则大为简化，规模和参与的人数都远不如以前。一些场合下，人们用简单的鞠躬代替了跪拜的礼仪。

◇延伸阅读

三大"鬼节"之"寒衣节"

清明节、中元节、寒衣节并称为我国一年中的三大"鬼节",是祭祀祖先、告慰亡灵的日子。清明节与中元节家喻户晓,而人们对寒衣节可能较为陌生。寒衣节在十月初一,又名"十月朝""授衣节""阴冥节"。《诗经·豳风·七月》中写道:"七月流火,九月授衣。"农历七月过后,天气转凉,到了九月,秋意更浓,人们就需要添置衣物,防寒保暖。为了不让先人在另一个世界挨冻,人们会在十月初一焚烧过冬的冥衣,这就叫作"送寒衣"❶。据说,送寒衣的习俗与孟姜女有关。相传孟姜女与丈夫新婚燕尔,后来孟姜女的丈夫被抓去修长城。孟姜女日夜思念丈夫,决心带着冬天的衣物去为丈夫御寒。孟姜女跋山涉水,历经艰难险阻,终于来到了长城脚下,得到的却是丈夫已经去世的惊天噩耗。悲痛不已的孟姜女哭得昏天黑地,孟姜女的真诚深深感动了上天。长城轰然倒塌,孟姜女找到了丈夫的尸体,她用携带的寒衣为丈夫梳妆入殓。后来,人们就习惯在农历十月初一为故去的亲人烧冥衣,悼念逝去的祖先。

❶ 寒衣节不仅要为亡者送寒衣,还有吃面条、吃红豆饭等习俗。

第五章 衣食住行中的民俗

明末启蒙思想家李贽[1]曾说："穿衣吃饭即是人伦物理。"这句话肯定了衣食住行是人类基本的物质需求。衣食住行作为物质生活的一部分，最初源于人们基本的生存需要，人依靠穿衣以御寒防晒，吃饭维持生命活动，搭建住所以建造遮风挡雨的栖息地，通过出行与外界联系。早期各地衣食住行具有显著的区域性特征，这主要是由自然环境的差异造成的。随着社会的发展，衣食住行的生活民俗日趋纷繁复杂。人们对衣食住行的需求，已经不再仅仅停留于生存的层面，而是广泛涉及艺术、宗教、禁忌、政治等层面的考量，人们逐渐有了诸如美观、舒适等更高的要求。衣食住行还被人们赋予了身份地位、社会等级的象征意义。尽管历经千百年的岁月，衣食住行习俗突出的地域性仍然深刻地保留了下来，生动地诠释着"一方水土养一方人"的俗语。本章将分别介绍服饰民俗、饮食民俗、居住民俗和交通民俗。

[1] 李贽，号卓吾，福建泉州人，明代官员、思想家、文学家。他以王阳明心学为武器，锋芒直指封建伦理和程朱理学，著作有《焚书》《藏书》《李氏文集》等。

第一节　服饰民俗

中国是衣冠服饰文化高度发达的国度,历来以"服章之美"著称。服饰的范围主要包括衣物以及其他的配饰,衣物包括衣服、裤子、裙子、袜子、鞋子、帽子等,而配饰可以是人身体各个部位佩戴的各种饰品,如头饰、项链、手环、耳环、胸针、腰带、手表等,也可以是对人体的修饰,如文身、画眉等,还包括各种随身物品,如玉佩、香囊、宝剑、扇子等。服饰具有实用性、美观性、民族性等特征,体现着一个民族的审美和情趣。服饰的使用受性别、年龄、职业、民族、季节、地域等因素影响,呈现出非常大的差异性。例如,服饰与居民生活的自然环境密切相关,低纬度地区的人们比中高纬度地区的人着冬装的时间更短。此外,服饰民俗具有鲜明的时代特征,与生产力水平、社会风尚密不可分,在岁月的演变中经历着巨变。下面从服饰的起源与象征意义、经典服饰以及配饰这三个角度来讲述。

一、服饰的起源与象征意义

服饰在原始先民们适应自然环境的进程中应运而生。最初,服饰的产生很可能是出于生存的需要,人们为了抵御冬天的严寒、夏天的暴晒,因而使用服饰遮蔽身体以保护自己。远古时期,人们还处于利用自然所提供的资源来制成衣物的初级阶段,有"未有

麻丝,衣其羽皮"❶一说。那时,人类过着采集渔猎的生活,冬天利用动物的毛皮制成衣服防寒保暖,夏天则用树叶之类的材料制成衣裙,防止皮肤晒伤。20世纪的考古活动中,在北京周口店山顶洞内发现了骨针,这说明在约3万年前我们的祖先就已经使用骨针来缝制兽皮了。装饰品的历史也很早,母系氏族社会时出现了用石头、骨头、玉制作的工艺品,人们会将贝壳、石子串成项链,作为饰品。这个时候,人们处于制作衣服以保护自身的阶段,不同地区服饰间的差异较小。后来随着纺轮的出现,人类服饰可以利用的原材料也扩大到麻、丝等。衣服的形制更加丰富多样,随着一年四季气候的改变,服饰也有厚薄的变化。渐渐地,人们不仅仅将穿戴服饰视为保护自身的基本需求,也将其赋予装饰自身,满足对美的追求的功能。服饰发展到后来便有了性别、年龄、职业等差异,根据不同的场合,人们便有了不同的着装要求。

　　服饰是身份地位的象征。俗话说"人靠衣装马靠鞍",在等级鲜明的古代社会,根据衣服的材质、样式,往往就能判断出一个人的身份。《诗经·豳风·七月》云:"无衣无褐,何以卒岁?"陶渊明《五柳先生传》云:"短褐穿结,箪瓢屡空。""短褐"就是粗布短衣,穷苦百姓多穿粗布短衣,衣服上打着补丁,因而"布衣""褐夫"代指平民百姓和穷苦大众。人们常用"纨绔子弟"形容游手好闲的富家公子,纨绔是用细绢做的裤子,泛指华美的衣着。士农工商的服饰也有着不同的规定,汉代法律规定商人不得"衣丝乘车",即商人不能穿丝绸做的衣服。长衫是读书

❶《礼记·礼运》云:"昔者先王未有宫室,冬则居营窟,夏则居橧巢。未有火化,食草木之实,鸟兽之肉,饮其血,茹其毛。未有麻丝,衣其羽皮。"

① "冠礼"是中国古代男性成人仪式,"笄礼"是女性成人仪式。

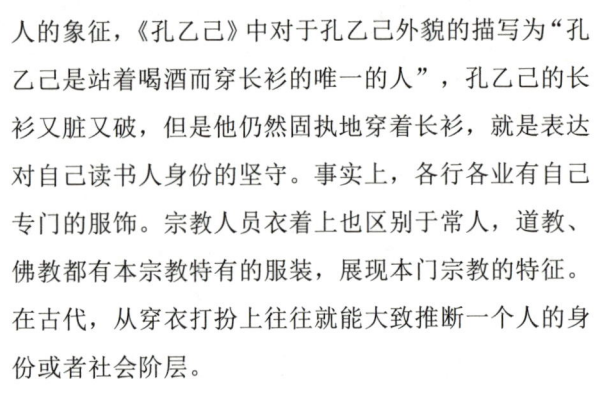

人的象征,《孔乙己》中对于孔乙己外貌的描写为"孔乙己是站着喝酒而穿长衫的唯一的人",孔乙己的长衫又脏又破,但是他仍然固执地穿着长衫,就是表达对自己读书人身份的坚守。事实上,各行各业有自己专门的服饰。宗教人员衣着上也区别于常人,道教、佛教都有本宗教特有的服装,展现本门宗教的特征。在古代,从穿衣打扮上往往就能大致推断一个人的身份或者社会阶层。

服饰也是年龄和性别的标志。服饰有成年人与孩童之分。为成年人举行"冠礼""笄礼"①时,其中最重要的内容就是改变其服装和发饰,由长辈亲自为成年人将披散的头发束起,可见服饰的改变实际上暗示着长大成人,当然成人意味着可以独立行使更多的权利以及应当承担更多的社会责任和义务。此外,男性与女性在服饰上的区别十分鲜明。女性的服饰色彩更加明亮鲜艳,服装的种类和装饰品较男性而言更为丰富,而男性的服饰通常颜色偏深、尺寸更大。

服饰是一种信号,能够传达出多种信息,职业服装便是其所属行业的象征。在现代,人们看到穿白大褂的人便认为他们从事的是与医疗卫生有关的行业,同时医生穿白大褂也会向病人传递出"专业"的信号。在正式工作场合,工作单位往往要求员工穿着正装,当员工穿上正装时,在潜意识里就会约束自身的行为,在工作中表现得更加端庄得体,从而营造严谨踏实的工作氛围。

二、经典服饰

中国服饰种类繁多、不计其数，而且在不同的朝代，服饰有着鲜明的时代特征。本节主要是挑选古代服饰、20 世纪以来中国服饰的一些典型代表以及特殊场合的服饰进行简要介绍。

（一）汉唐的服饰

汉服的主要形制有"上衣下裳""深衣""襦裙"等类型。裳和裤子有所不同。裤子中有裆的为"裈"，没有裆的为"袴"。汉族传统的习俗中，上衣是右衽，古代一些少数民族的衣服是左衽。"衽"是衣襟的意思，将前襟向右掩就是右衽，反之就是左衽。衣服的材料通常有皮毛、麻、葛、丝织品、棉。

汉代妇女的服饰主要是上衣下裳❶，女子多穿裙。先秦时期，妇女的下裳往往无裆，直到汉昭帝时期才得以改变。昭帝的上官皇后是权臣霍光的外孙女，传说霍光想要上官皇后生下皇子，独享恩宠，于是令宫人穿上名为"穷裤"的裤子，"穷绔（裤）有前后当（裆），不得交通也"。后来穿穷裤的风气在民间也传播开来，妇女们从此穿上了有裆的裤子。汉代普通男子一般多着襦裤，贫者着短褐。

深衣❷也是汉服的基本形制之一，它的历史颇为久远，在周代就已经产生，广泛应用于人们的日常打扮之中，在汉代十分流行。深衣是将上衣下裳分别剪裁好，然后在腰部将其缝合，成为一件长衣。深衣分为直裾和曲裾两种，男女通穿。

❶《释名·释衣服》云："凡服，上曰衣，衣，依也，人所依以芘（通"庇"）寒暑也；下曰裳，裳，障也，所以自障蔽也。"

❷据《礼记·深衣》记载，深衣"短毋见肤，长毋被土"，意思是深衣的长度，短不可以露出皮肤，长不可以拖到地上。

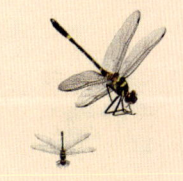

① 陆尊梧、李志江：《历代典故辞典》，作家出版社，1992，第556页。

② 《后汉书·梁冀传》："寿（冀妻孙寿）色美而善为妖态，作愁眉、啼妆、堕马髻、折腰步、龋齿笑，以为媚惑。"唐朝李贤注引《风俗通》云："堕马髻者，侧在一边。"

汉代十分知名的裙装当属"留仙裙"，"留仙裙"即有褶皱的裙子。汉代伶玄所撰的《飞燕外传》记载了留仙裙的来历。皇后赵飞燕喜爱裙装，相传，有一次赵飞燕与汉成帝泛舟游于太液池时，赵飞燕身着云英紫裙，歌舞《归风》《送远》之曲，侍郎冯无方吹笙伴奏。就在舟驶至中流，人们沉浸在乐舞之中时，大风忽起，赵飞燕的衣裙在风中摆动，仿佛身轻如燕，随时都会被风刮走。赵飞燕顺风扬音曰："仙乎仙乎，去故而就新，宁忘怀乎？"汉成帝见状，赶紧令冯无方拉住赵飞燕，赵飞燕的裙子因而被抓出了褶皱，带有褶皱的裙子反而更加漂亮了。赵飞燕撒娇哭泣道："因为帝王您思念我，使我不得仙去。"因此带有褶皱的裙子被人们称为"留仙裙"①。"留仙裙"首先在宫中流传开来，宫女们竞相模仿。后世亦有不少关于留仙裙的诗句为文人所唱和。比如张炎的"回首当年汉舞，怕飞去漫皱，留仙裙折"，又如宋代姚勉的"留仙裙舞风力软，不知何处荷花香"。带有褶皱的留仙裙在民间也流传开来。

汉代服饰的手工艺已经达到十分精细的程度。1972年在中国湖南长沙马王堆汉墓一号墓出土的素纱禅衣仅重49克，薄如蝉翼，展现着汉代丝织业高超的技术水平。

在发型上，汉代普通妇女的发型一般不加包帕、发饰等装饰品，头发多中分向两边梳起。汉代十分有特色的发型之一为堕马髻②，其形状很像人从马上坠落，这种风俗起源于汉代梁冀的妻子，在后世广为流传。此外，还有同心髻、迎春髻、百合髻等。成年的士人男子则戴冠，庶人戴巾。到了汉末，头巾也在上层社会流行起来。

唐代妇女上身穿袄、衫、襦，下身着裙。常见的裙子颜色有红、绿、黄、紫，其中红裙最为流行。唐代是一个国力强盛、文化包容的朝代，中外文化交流也十分活跃，豪迈洒脱的社会风气延伸到服饰上，使其呈现出大气、开放的特征。社会上甚至出现女扮男装的装束。张萱《虢国夫人游春图》中的一位男装骑者应为女性，反映出唐朝人的自信、乐观和雍容华贵。女性之中流行穿高腰襦裙，将系带束至胸部以上。男子的服饰中，普通百姓的服色常用白色，服装以袄、衫、褐为主。《隋书·礼仪志》载大业六年诏令，"胥吏以青，庶人以白，屠商以皂，士卒以黄"。❶

❶（唐）魏征、令狐德棻：《隋书》，中华书局，1973，第279页。

● 【唐】 周昉 内人双陆图

魏晋、隋唐时流行一种登山木屐。李白在《梦游天姥吟留别》中写道："脚著谢公屐，身登青云梯。"这里的"屐"就是李白的登山"运动鞋"。诗文中的"谢公"就是魏晋南北朝时期鼎鼎大名的才子谢灵运，谢灵运喜好游山玩水，为了旅途的便利，他发明了一种木屐。这种木屐有前后两个齿，上山的时候把前齿取下来，下山的时候把后齿拆下来，在跋山涉水时既省力又方便。

（二）宋明清的服饰

宋代的服饰在唐代的基础上继承发展，受宋明理学的影响，风格变得较为保守。其中最具特色的服饰是褙子[1]，褙子对襟，两侧开衩，男性女性都穿，但在女装中更为常见。褙子到明代依旧广受欢迎，十分流行。明代的褙子有宽袖和窄袖两种。

清朝统治者入主中原后，颁布剃发令，剃发易服，加强对民众的统治。男子的前半部分头发要剃光，后半部分头发编成麻花辫，统一按照满族人的发型留着头发。衣着方面，马褂在民众之间被推广。瓜皮帽在男子当中流行。瓜皮帽的形状与西瓜皮很相像，圆顶，帽子的表面有六条棱，一同交汇于帽子的中心，帽顶缀一个丝绒结成的疙瘩。一般男子的服饰主要有长袍、马褂、马甲、衫等。

满族妇女的衣着是直裾开叉，别着白手帕。这时的旗袍比较肥大。满族妇女的鞋子富有特色，鞋底很厚，鞋跟上宽下圆，状似花盆，俗称"花盆底"，鞋底一两寸，厚的至四五寸。由于鞋底中部凿成马蹄式，

---

[1] 褙子在宋代非常流行，上至皇帝大臣，下至平民百姓都可以穿。不过褙子并非正式的服装，多为居家休闲时所穿。

走路的痕迹像马蹄一般，故也被称作"马蹄底"❶。这种鞋子可以显现出女子走路时的婀娜多姿。汉族妇女的服饰主要沿袭明制，上身着衫、袄或外面套上长背心，下身穿束裙或者裤子。

❶ 一般高底的花盆底鞋为十三四岁及以上的贵族中青年女子所穿，老年妇女多穿"厚平底"或"元宝底"。

（三）20 世纪经典服饰

1. 旗袍

旗袍被誉为女性国服。关于旗袍的起源，有诸多说法。其中一种观点认为，旗袍原是清代满族人的服装。满族人也称"旗人"，旗袍是由清代旗人女子的袍服直接发展而来。她们的旗袍宽大，领子也较高。20 世纪上半叶，旗袍逐渐改良，收缩腰身，旗袍的领子也开始变短，更好地展示女性的曲线美。旗袍作为一种时尚服饰，深受女性喜爱。随着传统文化受到重视，旗袍被国务院指定为女性外交人员的礼服。

2. 中山装

中山装是以孙中山先生的名字命名的一种服装。关于中山装的由来主要有两种说法。一种说法认为中山装是受孙中山委托，由开设洋服店的黄隆生先生设计的中国服饰。黄先生参考了欧日服装的风格，以及南洋华侨服装、学生装的特点，反复修改而设计出来。另一种说法是中山装是由军服演变而来，孙中山居住在上海时，将陆军军服拿到裁缝店改为便服，这便是中山装的由来。中山装是对襟，5 粒扣，4 个对称口袋，袖口有 3 粒扣子，整体呈现的风格庄重大气。20 世纪 20 年代后，男子多穿中山装。历史上的许多政治人物也经常穿中山装，当代中国领导人在一些重大

场合也会穿中山装。

3. 唐装

提到唐装，首先不能将它和唐朝的服装混淆，唐装实际上是在传统马褂的基础上，加入立领和西式立体剪裁等而创造出来的现代民族服饰。唐装之称从何而来呢？唐代是我国历史上**繁盛强大、对外交流频繁**的时代，在海外有着巨大的影响力，"唐"一度成为中国人的代称，像海外华侨聚集的地方也被称为"唐人街"，所以这种改良过的马褂便被称为唐装。唐装有着鲜明的特点：一是立领；二是连袖，袖子和衣服没有接缝；三是对襟，或者斜襟；四是盘扣，扣子由纽结和纽襻两部分组成。唐装的面料主要选用织锦缎❶。唐装是传统和现代、中国和西方元素的有机结合，具有鲜明的中国特色。

4. 民国校服

民国的学生装极具特色，尤其是女学生装，至今仍然受到女学生们的追捧。辛亥革命以来兴办女校的多为西方的教会学校，因而穿着校服的女生多为教会学校的学生。女生校服有袄裙式和旗袍式。袄裙式即上袄下裙，源于古代的上衣下裳服制。民国初期的女生校服，袄子长度较长，往往能遮住臀部，袖子较窄，可以露出手腕。五四运动以后渐渐流行的"学派儿"风的校服装束，也就是现在大家经常从影视剧中看到的民国女学生打扮。这时的校服袖子变得肥大而短，状似喇叭，被称为"倒大袖"，往往会露出小臂。同时，袄子变短，长度在臀部以上。改良后的校服更加美观。另一种流行的校服样式是改良后的旗袍。较之

❶ 唐装的颜色大多是鲜亮的正色，如红色、宝蓝色等，面料上的织纹多为象征吉祥如意、福寿绵延等寓意的图案。

原本肥大的旧式旗袍,新式旗袍收紧了腰身和下摆,更能凸显女性的气质,深受思想开放的女学生欢迎。民国男生的校服既存在传统的长袍马褂,也有中西结合的中山装以及西装。西装的价格较为昂贵,着西装者多为家庭富裕的学生。

民国校服的变化显示出我国的服饰对于西方元素的吸收,朝着更加多元开放的趋势发展。在外观上,穿衣风格体现出简约便捷的特点,并且更加强调合身。另外,女生校服由长袄变为短袄,旗袍改良后成为校服,也反映出女性要求平等的民主解放思想。

(四)现代服饰

人类服装的发展是文明进步的一种体现。现代生活节奏加快,人们日常生活中所穿的服装日益简约化,可供选择的衣服图案、款式也丰富多元。商场里摆满了琳琅满目的服装,人们对于服饰的要求也越来越高。装扮搭配甚至成了一门专门的学问,昔日的裁缝演变为新兴的专业造型师、设计师。

现代人讲求个性,服装可以定制,定制的礼服十分精致;化妆品店、珠宝店、饰品店销售着流行的装饰品;奇装异服也屡见不鲜。人们发型的装扮也进入了新阶段,烫头发、染头发、戴假发成为时尚。在理发店里美发的不仅是女性,男子烫染头发也十分流行。假发的发明在追求个性的人群以及上了年纪的人群中流行起来,使之容光焕发,富有活力。

裙本是古代男女通用的服饰,到了近现代,男子由穿裙转变为着裤装,女性将穿裙装传统保留了下来。

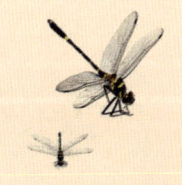

广受女子欢迎的连衣裙，即是将上衣与裙子连成一体的裙装。连衣裙衣襟有前开的，也有后开的，衣服在腰间收紧，显露出女子纤细的腰身，富有青春活力。在夏天穿裙子，清凉又方便。为了迎合女性对于裙装的需求，设计师设计出厚薄程度不同的裙子，使女性一年四季都能着裙装。裙子根据样式可以分为A字裙、直筒裙、迷你裙、公主裙、礼服裙等，根据布料材质有雪纺裙、牛仔裙、蕾丝裙等。此外，为了工作生活的便利，女性在不着裙装时的打扮多是上衣下裤，方便活动肢体。现代中国男性的日常打扮基本上都遵循上衣下裤的原则。

近代以来，西方服饰传入中国。尤其是在上海等沿海大都市，欧美的潮流服装快速流行，穿着者们成为时尚的引领者。人们将民族元素融入现代服装的设计中，制作成改良版汉服。可喜的是，现在仍然有不少人展现出对于中国传统服饰的喜爱，社会上掀起"汉服热""汉服节"的热潮，有利于传扬汉服文化，展现汉服之美。服饰习俗呈现出传统复兴与中西融合的特征。

总之，服饰具有鲜明的时代性，是一定阶段社会历史文化的载体。服饰深受经济、政治、社会思想、宗教文化等因素的影响，它生动地展现出人们的审美、性格、价值观念。服饰有着文化象征的含义，暗示着一个人的品行与修养。服饰在古代显现出阶级性和政治色彩，作为"礼"的一部分，服饰成为巩固君主统治的利器和加强社会伦理规范的工具，不同身份的人的衣着不可逾礼。人们喜欢在袖口、领口、胸前、襟

边等地方绣花纹，各式的花纹起着装点服饰的作用，展现着人们缝纫技艺的水平，寄托着人们的美好心愿，如衣服上绣牡丹蕴含着人们求得富贵吉祥的心态。

近代以来，服饰体现出的社会阶层的差异在削弱，社会风气展现在服饰上，服饰的种类和数量急剧增多，款式更新换代飞快。服饰文化集实用性、艺术性、时代性于一体，具有精巧的造型、高超的制作工艺、丰富的妆容和配饰。服饰从最初的御寒防晒的生存需求发展到美观、伦理等方面的要求，背后有着丰富的功能和意义。随着人类社会的发展，服饰所承载的功能也更加多元，基于实用需求之上，更有审美的需要。服饰是传承本民族文化的重要纽带之一，具有鲜明的中国特色、中国之美、中国智慧。

（五）特殊场合的服饰习俗

服饰习俗也包括葬礼、婚礼等特殊场合所穿服装的习俗。在葬礼方面，有的地方仍然保留"披麻戴孝"的传统，但许多时候人们为了生活的方便，则只在手臂上戴上黑纱。婚礼在形式上有中式婚礼、西式婚礼之分。婚礼上女子穿婚纱、男子着西装，有的地方则保留着女子穿旗袍、男子着马褂的传统。古代女子成婚时有"凤冠霞帔"的装扮习俗，现在很多人在举行婚宴时会准备两套服装，婚纱与旗袍并用。

三、配饰

（一）面部装饰

《木兰诗》中写道"对镜贴花黄"，"花黄"[1]是古代妇女的面部装饰品，用黄粉画或者用金黄色的纸剪成星月花鸟等形状贴在额头上，在魏晋南北朝时成为妇女中流行的面饰装扮。此外，古代女子喜欢戴面纱。由于女子不能随意抛头露面，薄薄的面纱既能够起到隐蔽身份的作用，又有一种朦胧的美感。

（二）头饰

冠是我国古代成年男子常戴的头饰，用来固定发髻，并起到修饰、装饰作用。《礼记·曲礼》曰："男子二十，冠而字。"[2]可见冠礼这一习俗在先秦时代就已经形成。

苏轼的《念奴娇·赤壁怀古》中写道"羽扇纶巾"，"巾"是民间流行的一种头部服饰，通俗说来就是用来包头发的布[3]。古人有蓄发的传统，头发不能随意修剪，《孝经》有言："身体发肤，受之父母，不敢毁伤，孝之始也。"

古代女子所戴的头饰有簪、钗、步摇等。其中簪可是用来固定发式、插定发髻或结冠于发，且具有美化的作用。钗属于笄的一种，由两股簪子合成，呈叉状，其作用与簪相似。步摇是古代常见的发饰之一，《释名·释首饰》云："步摇，上有垂珠，步则动摇也。"女子走路时步摇晃动，珠玉碰撞发出清脆悦耳的声音，给人以视觉和听觉上的美感。

---

[1] 花黄又称为"额黄"，魏晋南北朝时佛教盛行，女子们从金色的佛像上受到启发，将额头涂成黄色，后成为习俗。

[2] （清）孙希旦：《礼记集解》，沈啸寰、王星贤点校，中华书局，1989，第49页。

[3] 秦汉之前，贵族多戴冠，平民以布裹头。到了汉末、魏晋时期，政局动荡，舆服制度也有所松动，贵族亦幅巾。《三国志》注引傅玄《傅子》云："汉末王公，多委王服，以幅巾为雅。"

● 【元】 梅花仕女

图绘女子对镜理妆场景,女子额上为梅花妆。

●【清】 珊瑚珠玉步摇

●【清】 银镀金嵌珠花蝶耳挖钗

（三）装饰性用品

1. 带钩

带钩是古代常见的服饰配饰之一。带钩是古代文人、武士系腰带的挂钩，又称为"犀比"❶。带钩的材质有玉、黄金、白银、青铜、铁等，多为男性佩戴。带钩的材质优劣、花纹图案雕刻精美与否，成为佩戴者身份地位的象征。

❶ 古代衣带有丝带和革带两种，男子系革带，女子系丝带。带钩不仅是配饰，也是实用品，可用来扣系革带。

● 【宋】 玉带钩

2. 佩玉

佩玉之风，在我国源远流长，并与我国传统文化和礼仪密切相关。《礼记·玉藻》记载："古之君子必佩玉……君子无故，玉不去身，君子于玉，比德焉。"可见，佩玉在我国古代不仅只是饰品，还是人的道德修养的标志。

3. 扇子

扇子是中国人生活中常用的道具。扇子最直接和实际的功能是遮阳消暑。炎炎夏日，扇子为人们送来阵阵凉意。扇子作为个人装饰品的一种，突显本人的气质与个性，还具有美观的价值。

扇子的种类众多，有蒲扇、折扇、孔明扇、芭蕉扇等，女性用的扇子更加小巧。文人爱在扇子上题诗

作画，手摇折扇，风流潇洒。扇子还广泛地应用到舞蹈中，如团扇应用到古典舞中，用扇子遮挡面部，既能修饰容颜，又具优雅风流的气质。

●【明】　陆士仁画桃源图文徵明书七言律诗　成扇

现今社会，即便有风扇和空调，扇子仍然是许多家庭中常备的物品。扇子体现了中国人的审美，集实用与美观的功能于一体。

4. 蓑衣

古代下雨天用来遮风挡雨的雨衣叫蓑衣，蓑衣是用草、麻或者棕毛制成的披在身上的雨具❶。在我国古代诗词作品中有很多关于蓑衣的名句。柳宗元在《江雪》中写："孤舟蓑笠翁，独钓寒江雪"，苏轼在《定风波》中写："一蓑烟雨任平生"，还有唐代张志和的《渔歌子》："青箬笠，绿蓑衣，斜风细雨不须归。"挡雨服饰自然少不了斗笠。斗笠又叫箬笠，多用竹子编成，呈圆锥状，帽檐宽大，可以晴雨两用，是古代江南地区家家户户的常备用品。

❶ 早在先秦时期，我国就有关于蓑衣的记载。《国语·齐语》中云："脱衣就功，首戴茅蒲，身衣袯襫，沾体涂足，暴其发肤。尽其四支之敏，以从事于田野。"这里的袯襫指的就是蓑衣。

第五章 衣食住行中的民俗 ‖ 171

●【五代】 雪渔图 轴

第二节 饮食民俗

人类学家张光直指出:"到达一个文化的核心的最好方法之一,就是通过它的肠胃。吃什么、如何吃是理解一个民族和社会的关键性问题。"[1]饮食由"饮"和"食"组成,"饮"指的是"饮品","食"是指各种饭食。饮食渗透到生活的方方面面,人几乎每天都离不开吃。饮食文化是民族文化中的重要组成部分。食物讲究色香味俱全,美味的食物不仅给人带来味觉上的享受,更能给人带来精神上的满足感和幸福感。饮食民俗涉及饮食结构、烹饪方法以及与饮食相关的宴饮礼仪等。本节主要介绍中国人的饮食习惯、八大菜系以及宴饮礼仪三部分内容。

一、饮食习惯

中国有一句古话叫"民以食为天",说的就是饮食在中国人生活中的重要地位。中国人习惯一日有早、中、晚三餐,饮食讲求规律,正如俗话所说,"早上吃得好,中午吃得饱,晚上吃得少"。主食以米饭和面条为主,此外还有各种粥,如皮蛋瘦肉粥、小米粥、燕麦粥、八宝粥等作为补充。

地域饮食有"南米北面"之说。南方以种植水稻为主,多以大米为主食。大米可以用来做成米粉、米糕、汤圆等。北方以种植小麦为主,故北方人多偏好吃面食。面粉可做成面条、包子、馒头、饺子等。面

---

[1] 尤金·N.安德森:《中国食物》,马孆、刘东译,江苏人民出版社,2003,第250页。

条有各种做法，如兰州牛肉面、烩面、臊子面、炸酱面、担担面、刀削面、炒面片、重庆小面等。

饮食用具有碗、勺、筷子、匙、盆、锅等。筷子是有中国特色的饮食餐具。中国人使用筷子也有禁忌，"子能食食，教以右手"，人们一般用右手拿筷子；夹菜时还忌用筷子上下翻动，夹了又放下；忌将筷子横着咬在嘴中；尤其忌讳将筷子竖插在饭碗里，因为这被认为是供奉死者的方式；民俗中用筷子敲碗是一种非常不礼貌的行为，如果小孩子做出这种动作会遭到大人的制止，因为这个举动和乞丐乞讨的动作很相似，人们认为这会带来"穷气"。现代人越来越注意饮食的卫生，使用公筷已经十分普遍。

烹调的方式有煮、炒、炸、凉拌、煎、炖、蒸、烧烤、烩、腌等。调料有盐、酱油、料酒、蚝油、糖、醋、辣椒、花椒、胡椒粉、八角等。

在膳食搭配上，中国人讲究荤素搭配，营养均衡。此外，不能暴饮暴食。主食之外还有副食，副食有蔬菜、蛋类、肉类、豆制品、奶类等。《黄帝内经·素问》中记载："五谷为养，五果为助，五畜为益，五菜为充，气味合而服之，以补精益气。"[1] 五谷一般指的是黍、稷、麦、稻、菽，五果指的是桃、李、杏、栗、枣，五畜指的是牛、羊、豕、犬、鸡，五菜指的是葵、藿、薤、葱、韭。

由于人们对饮食健康的重视，不仅讲求"吃得饱"，还要"吃得好"，于是便产生了一系列饮食上的习惯。人们推崇时令蔬菜、水果，因为时令蔬菜顺应自然生长，更加健康。人们还将饮食与养生相结合，

[1] 王新华：《黄帝内经类编 下》，上海辞书出版社，2013，第480页。

根据季节调整菜的口味。《周礼·天官·食医》云："凡和,春多酸,夏多苦,秋多辛,冬多咸,调以滑甘。"❶民间还流行"冬吃萝卜夏吃姜"的说法,这便是人们的食疗经验之一。如果吃得太杂太多,忽冷忽热,肚子就会不舒服。《道德经》云："五色令人目盲,五音令人耳聋,五味令人口爽。驰骋畋猎,令人心发狂。难得之货,令人行妨。是以圣人为腹不为目,故去彼取此。"老子在此提醒世人莫要过于贪图身体的享受,正所谓"五味令人口爽",追求口腹之欲过甚,反而对身体有害,因此合理地控制饮食十分重要。

❶（清）孙诒让：《周礼正义》，王文锦、陈玉霞点校，中华书局，1987，第319页。

二、中国八大菜系

饮食习惯与人们的生活方式关系紧密。俗话说"千里不同风,百里不同俗",中国幅员辽阔,地理环境不同,人们的口味偏好不同,形成了知名度高、具有鲜明特色的地方菜系。按照地域,中国有著名的八大菜系,分别是鲁菜、粤菜、湘菜、徽菜、苏菜、浙菜、闽菜、川菜。

（一）鲁菜

鲁菜也叫山东菜,历史悠久。山东位于黄河下游,气候温和湿润,濒临海洋,食材丰富。鲁菜分为胶东派、孔府派、济南派、淄博派。《黄帝内经》曰："故东方之域,天地之所始生也,鱼盐之地,海滨傍水,其民食鱼而嗜咸,皆安其处,美其食。"鲁菜风味独

特，口味偏咸鲜、香脆。鲁菜注重汤的熬制，特别是"清汤"和"奶汤"的调制。鲁菜烹调技法多样，难度系数高，尤其擅长爆、扒、烧、炒等。鲁菜中知名度较高的是德州扒鸡，德州扒鸡外香里嫩，咸鲜诱人。此外，著名的鲁菜还有糖醋黄河鲤鱼、四喜丸子、九转大肠、葱烧海参、八仙过海闹罗汉等。

（二）粤菜

广东地处东南沿海的珠三角，水产丰富，与海外交流便利。粤菜以广州、潮州、东江等地的菜为代表，吸收了外来菜的诸多特点。粤菜的食材来源多样❶，色味浓重，擅长煎、炸、炖等烹饪技法。此外，广东人大多有喝早茶的习俗，这与广东人悠闲的生活方式分不开。广东的肠粉，晶莹剔透，口感嫩滑，很有营养。粤菜中的特色菜有盐焗鸡、烤乳猪、鸡烩蛇、冬瓜盅、干炒牛河等。

❶粤菜的食材非常广泛，各种野味数不胜数。早在南宋时期，周去非在《岭外代答》中就有记载："深广及溪峒人，不问鸟兽蛇虫，无不食之。"

（三）湘菜

湘菜以湘江流域、洞庭流域和湘西地区的菜为代表，味道突出，以辣、香、鲜著称，尤其擅长炖菜、蒸菜。湖南的特色小吃臭豆腐闻起来臭，吃起来香。湘菜中闻名全国的有剁椒鱼头、湖南辣椒炒肉、东安子鸡、腊味合蒸、吉首酸肉等。

（四）徽菜

徽菜又叫皖菜，以沿江、皖南、沿淮等地的菜为代表，擅长烧、炖、焖。徽菜随着明清时期徽商的崛起而声名远扬。徽菜的食材大多来自本地的土特产。徽菜的传统之一是用火腿配菜。徽菜的代表性菜品有符离集烧鸡、胡氏一品锅、臭鳜鱼,小吃有黄山烧饼等。

(五)苏菜

苏菜主要以南京、扬州、淮安、徐州、苏州、无锡等地的菜为代表。苏菜中著名的佳肴有苏州松鼠鳜鱼、南京盐水鸭、徐州地锅鸡、扬州大煮干丝等。

(六)浙菜

浙江因湖光山色、西湖美景、鱼虾肥美而闻名于世。浙菜由杭州、宁波、绍兴、温州等地的菜肴组成❶。浙江菜口味香、脆、鲜、嫩,多以当地的地名、风俗来命名。知名的特色菜有西湖醋鱼、东坡肉、龙井虾仁等。

(七)闽菜

闽菜又称福建菜。福建地处东南沿海,拥有天然海港,海外贸易发达。福建海产品丰富,盛产鱿鱼、海参、鲍鱼、鳗鱼等海鲜。福建菜擅长制汤,口味偏好糖醋、红糟。著名的菜品有佛跳墙、荔枝肉、福建鱼丸等。

(八)川菜

川菜源自"天府之国"四川,久负盛名的川菜以其独特的风味闻名世界❷。川菜以成都、重庆等地的

---

❶ 浙菜的菜品讲究精致美观,早在南宋的《梦粱录》中就有记载:"杭城风俗,凡百货卖饮食之人,多是装饰车盖担儿;盘食器皿,清洁精巧,以炫耀人耳目。"

❷ 川菜自古就因人口迁移,各地美食汇聚蜀都,深受各地饮食的影响。早在西汉时期,扬雄的《蜀都赋》中就记载:"……调夫五味。甘甜之和,芍药之羹,江东鲐鲍,陇西牛羊……"

菜肴为正宗。川菜馆不仅在中国十分常见，在国外也遍地开花。川菜以辣、麻、酸、香著称❶，离不开辣椒、花椒、胡椒。川菜的代表菜有麻婆豆腐、夫妻肺片、宫保鸡丁、鱼香肉丝等。四川的火锅、担担面、重庆的酸辣粉也是深受人们喜爱的特色小吃。

❶ 东晋《华阳国志》记载，巴蜀人"尚滋味""好辛香"。

八大菜系之外，清真菜、东北菜、蒙古族菜等也别具风味。还有风靡全国的不同版本的"中国十大名小吃"，如兰州牛肉面、武汉热干面、山东煎饼、重庆酸辣粉、长沙臭豆腐、北京烤鸭、西安肉夹馍、广东肠粉、河南胡辣汤、广西螺蛳粉等。另外北京豆汁、嘉兴肉粽、南昌瓦罐汤、天津小笼包、云南过桥米线、云南鲜花饼也都很有名气。

随着全球化的推进，世界各地文化交流日益频繁，中国美食已"走出去"而面向全世界，国外的美食也走进中国，丰富着中国人的饮食生活。牛排、印度飞饼、咖喱饭、日本寿司、德国香肠、意大利比萨等也成为中国人饮食的选择。当今，人们的生活已经不再局限于某一类食物，琳琅满目的美食充斥在人们的生活中。

三、宴饮礼仪

中国人讲究吃饭的礼仪，有许多和"吃"有关的谚语，如"食不言，寝不语"等。人们见面打招呼的问候语通常是："你吃了吗？"不仅如此，许多事情都用"吃"来打比方。遭到别人拒绝，受到冷遇时叫"吃闭门羹"；经历一次挫折，增长一分见识叫"吃一堑，长一智"；得到某种许诺而心情平定叫"吃定心丸"；形容一个人胆子特别大，连别人不敢做的事都去做叫"吃了熊心豹子胆"。

饮食是一种社会交际方式。在传统饮食礼仪中，如果主人请客，主人开动了，客人才跟着一起吃。刚上的菜，通常让长辈先吃。喜欢的菜也不能只顾着自己吃，要考虑到他人的感受。与长辈喝酒时，晚辈要站立起来敬酒。与长者碰杯时，晚辈的杯沿不能超过长辈的杯沿。要等到长辈饮完，晚辈才能放下酒杯。

吃饭的座席位次也很有讲究，显示着身份地位的尊卑。《史记·项羽本纪》中记载鸿门宴："项王、项伯东向坐。亚父南向坐，亚父者，范增也。沛公北向坐，张良西向侍。"可见当时坐西面东的座位最为尊贵，其次是面向南方，再次为面向北，最后是面向西的座位。现在酒店包间一般靠里、面朝大门的是上座，家中通常是由长辈坐上座。而靠近门的座位，因为服务员经常要端菜，常由小辈来坐。

在餐制上，中国多是合餐制，即将食物摆放在桌上，供大家一起享用；西方多是分餐制，每人都有一份餐食。中国人习惯将菜摆放在桌子的中间，大家一起夹菜吃，但其实早在汉代就出现了分餐制的餐具——染炉。染炉的功能相当于今天的分食小火锅，染炉中的"染"指的是调味品❶。染炉由三部分构成，上面是盛放食物的耳杯，下面是炭炉和承接炭灰的盆。中国人吃火锅有着悠久的历史，早在西周时期，就有用来煮火锅的鼎❷，而染炉是吃火锅的用具搭档。在耳杯中放入调好的火锅蘸料，然后在染炉中点火加热，

❶ 王辉：《从国家博物馆藏铜染炉谈汉代的饮食风俗》，《文史杂志》2020年第4期。

❷ 王仁湘：《从考古发现看中国古代的饮食文化传统》，《湖北经济学院学报》2004年第2期。

再将美食放入耳杯中蘸调料。染炉能够起到保持调料的美味的作用。一人一个小染炉，既卫生又方便。

宴饮交际中少不了饮茶与喝酒。茶是中国人发明的饮品，中国是世界主要的茶产地[1]。英国科学史专家李约瑟给予茶非常高的评价，他认为茶是中国继四大发明之后，贡献给人类的第五大发明。自古至今，中国的饮茶风气很盛，风靡全国。成千上万的中国人有饮茶的习惯，茶楼遍布大街小巷。中国茶叶主要有六大类别，分别是红茶、绿茶、白茶、乌龙茶、黄茶和黑茶。茶香有沁人心脾、愉悦心情的功效，因而喝茶成为人们的一种休闲方式。喝茶是读书交友、洽谈生意常见的方式之一，在倒茶的礼仪中忌讳将茶倒满，俗话说"从来倒茶七分满，留下三分是人情"，因为茶是烫的，七分满的话端起杯子时不容易被烫伤，茶香也不容易散失。此外，茶水泡好后，一般按照先客人后主人、先长辈后晚辈的顺序斟茶。喝茶时切忌皱眉头，因为这样会被认为茶水不好喝，使得主人难堪。客人为了表示对倒茶者的感谢，一般会用手敲几下桌子，这就是流传已久的"叩谢礼"。

中国的酒文化可谓博大精深，是宴饮交际中的重头戏。正所谓"酒酣胸胆尚开张"，酒能够拉近人们之间的距离，促进人们之间情感升温，使人打开心扉，开阔胸怀。与倒茶礼仪不同的是，倒酒通常要给他人倒十分满，这是主人热情好客的表现。人们之间还要相互敬酒。如果有长者在，通常由长辈起头说祝酒词，邀全体成员共饮。但是，喝酒也要量力而行，喝多了酒难免会失态，容易伤害身体。

[1] 据陆羽《茶经》记载，我国早在唐代中期已经形成了八大茶叶产区，分别为山南、淮南、浙西、剑南、浙东、黔中、江南、岭南。

●【北宋】 唐人文会图

图绘唐代文人举行茶会的场景。

● 【商】 兽面纹爵

不仅是饮酒器皿，也是一种礼器，可见我国饮酒历史之悠久。

喝酒行酒令是我国特色的酒文化，往往能够起到助兴、活跃氛围的作用。从古到今有许多有意思的酒令活动，"曲水流觞"就是其中之一，人们坐在河渠边上，将酒杯放在弯弯曲曲的水面上令其漂流，酒杯停在谁面前谁就要饮酒赋诗。古代三月三日上巳节，文人墨客喜好在江渚池沼边聚会，既有娱乐性，又是风流雅事，成为美谈。类似的娱乐活动还有投壶。投壶是将箭投于壶中，以投中的次数决定胜负，中得少的人就要罚酒喝。常见的酒令还有划拳，风靡全国各地，有些人就算不会划拳，在观看别人划拳时，也会在这一氛围中受到感染。划拳时的吆喝声热闹非凡，参与划拳的人兴奋得面红耳赤，围观之人也兴致勃勃。酒令活动有繁有简。现代的酒令游戏五花八门，新潮的游戏简单的如报数字的游戏，在开局时规定避免念出某一个数字的倍数，轮到要念那个数字的倍数时就要用拍桌子代替念出来，没有反应过来、念了那个数

字的人就算输了，输了的人就要接受惩罚。

总之，中国的宴饮文化体现出重礼仪、尊敬长辈等理念的同时，又具有娱乐性的特点。

第三节　居住民俗

居住民俗是关于民居的类型、居住相关的生活习俗及其相关礼仪的风俗习惯。中国疆域辽阔，地形气候复杂多样，人们为了适应自然环境，在此基础上建造的民居有着悠久的发展历史和鲜明的地域特色。建筑被誉为凝固的艺术，我国多样的地形、气候、风土人情孕育了千姿百态的民居建筑，这些富有地域特色的民居建筑构成了我国建筑艺术的珍宝。

早期人类的居室十分简易，人们因地制宜建造住所。《韩非子·五蠹》云："上古之世，人民少而禽兽众，人民不胜禽兽虫蛇。有圣人作，构木为巢，以避群害……"❶《礼记·礼运》云："昔者先王未有宫室，冬则居营窟，夏则居橧巢。"❷这两句话反映出上古之时人类的居住情况，人类建筑房屋是出于遮风挡雨、躲避猛兽、保护自身安全的需要，并且那时人们改造自然的能力较弱，并没有建造宫殿的本领，于是居住在用土垒成的穴居或者住在树上用木头构筑的巢穴里。传说"有巢氏"❸教民构木为巢，开创了人类的巢居文明。仰韶文化中出现了半地穴式的房屋。江南地区温暖潮湿，蚊虫多，以干栏式建筑为主，浙

❶（战国）韩非：《韩非子》，唐敬杲选注，赵学清校订，商务印书馆，2020，第132页。

❷朱正义、林开甲：《礼记选译》，巴蜀书社，1990，第62页。

❸有巢氏：《韩非子·五蠹》记载，上古之世，人民少而禽兽众，人民不胜禽兽虫蛇。有圣人作，构木为巢，以避群害，而民说之，使王天下，号之曰有巢氏。

江余姚的河姆渡文化❶便是其中的典型。

中国人以家庭为本位的思想使得人们对住宅也十分重视。古代民居讲究前堂后寝。堂就是厅堂，而寝就是居住的地方。很多家庭会在厅堂的正中间供奉祖先的牌位，体现的是对祖宗的敬仰与爱戴。进入室内，通常摆放着绘有精美图案的屏风，既起到隐蔽屋内情况的作用，又很有诗情画意的美感。古代的民居建筑富有艺术气息，雕梁画栋、飞檐斗拱，无不向世人展示着极其精美的雕刻工艺。到了北宋时期，官方颁布了专门的建筑类规范书籍——《营造法式》。这是李诫撰写的一部关于建筑设计、施工的著作，详细记载了宋代建筑的样式、用工、图案，标志着我国的古代建筑已经发展到了较高的水平。

❶ 河姆渡文化时期的干栏式建筑以栽桩架板的方式，令房屋高于地面，起到防止潮湿和蚊虫的作用。这种建筑方式是南方"吊脚楼"的始祖。

一、代表性民居

我国的民居建筑有着鲜明的地域差异，下面将介绍几类代表性民居。

（一）客家围屋

围屋又称围村、客家围、围堡等，是客家民居最具特色的典型代表。闽、赣、粤是客家人主要的聚居区，因而围屋主要分布在福建、江西、广东、香港等地方。

作为南方民居的重要代表，围屋在明清时期盛行，可以供数百人同时居住在一起。围屋是人口迁徙的产物，西晋战乱之后，中原地区的人大量南下，这

❶ 客家人迁徙到新的居住地，为了安居下来，需要依靠家族的集体力量，因此客家人的家族内聚力非常强。为了加强族人的家族观念，客家人会将宗祠建在围楼的中心位置，族中每当有大事，都会在宗祠中举办。

❷ 不论是圆形还是方形的围屋，都是环绕一个内院围成一圈。每一户都有一套标准间，每一竖排垂直的几层楼（一般为四层）为一户人家。一楼多为厨房、餐厅，二楼为仓库，三楼为房间，四楼为杂物间。

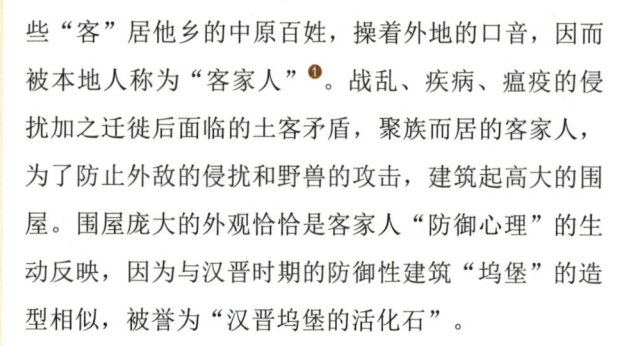

些"客"居他乡的中原百姓，操着外地的口音，因而被本地人称为"客家人"❶。战乱、疾病、瘟疫的侵扰加之迁徙后面临的土客矛盾，聚族而居的客家人，为了防止外敌的侵扰和野兽的攻击，建筑起高大的围屋。围屋庞大的外观恰恰是客家人"防御心理"的生动反映，因为与汉晋时期的防御性建筑"坞堡"的造型相似，被誉为"汉晋坞堡的活化石"。

围屋的墙体高厚而坚固，外墙用泥土建成，内墙多采用木头为材料。围屋里面有水井、天井等，生活设施齐全，能够防风抗震且冬暖夏凉。从外形上看主要有方形围屋、半圆形围屋和圆形围屋，宛如一座座碉堡❷。日本建筑学家称其为"天上掉下来的飞碟，地上长出的蘑菇"。围屋还被人们誉为"世界建筑奇葩"。在翠萌、溪流的映衬下，古朴而又安宁的围屋给人一种世外桃源的静谧之感。

围屋极具地域特色，是非常有开发潜力的旅游景点，在众多围屋里，较为著名的有龙南的"燕翼围"、广东的"满堂围""苏家围""东升围"等。客家的围屋、北京的四合院、陕西的窑洞、广西的干栏式建筑、云南的一颗印被建筑学界誉为"中国的五大特色民居建筑"。

（二）黄土高原窑洞

中国广阔的黄土高原上分布着极具特色的西北民居——窑洞，适应西北地区干旱少雨的气候特征。窑洞是黄河文化的载体，主要分布在陕西、甘肃、内蒙古、山西、宁夏、河南等地区。它源于人类早期穴

居、半穴居式的居住生活。黄土具有较强的直立性，难以渗水，是建造窑洞的绝佳材料。窑洞一般建在黄土高坡的阳面，背靠着山，用砖头堆砌成拱形门洞。我们经常能在电视上看到窑洞的拱形门口挂着辣椒的画面。窑洞内一般用石灰刷墙，窑洞具有冬暖夏凉的功效❶，居住宜人，修建起来工程量小，成本低廉，表现了西北人民因地制宜、就地取材建造房屋的智慧。

窑洞主要有靠崖式、下沉式、独立式等形式，其中靠崖式窑洞较为常见。下沉式窑洞较为特殊，是我国民居史上的一大奇观。人们在较为平坦的地面向下开挖大坑，由此建造窑洞，这种下沉式窑洞类似于"地下室"。来到下沉式窑洞会有"见树不见村，进村不见房，闻声不见人"的神奇感受。

但是窑洞也存在着容易渗水，通风、采光、抗震差，易坍塌等缺点。随着生活水平的提高，现在许多西北居民已经不住在窑洞里了。人们逐渐意识到保护窑洞的重要性，将窑洞建筑合理地保护和开发利用，窑洞成了旅游观光的特色景点之一。

（三）蒙古包

蒙古包又称为"穹庐""毡包"，是草原民族的传统住宅，是典型的帐篷式建筑。蒙古包具有便于移动和搭建的特征，适合逐水草而居、经常迁徙的游牧民族。蒙古包是圆形的，顶部圆锥状，呈流线型，门一般朝向东南方向，如此能够很好地抵御来自西伯利亚的大风和降雪。蒙古包的墙壁上没有窗户，但是帐篷顶部有可以开关的天窗。蒙古包内部可利用的空间

❶ 冬暖夏凉是窑洞最大的特点。由于窑洞的居住空间多向地下延伸，其围护结构是黄土，热能散失少，隔热性能好，因此冬暖夏凉，适宜居住，是一种天然的节能建筑。

很大，宽敞舒适，牧民们在蒙古包的地上铺上地毡，还可以把门掀起来，通风与采光很好。蒙古包多为白色，白色象征着纯洁、美好。一个蒙古包通常是一夫一妻及其子女居住。《敕勒歌》云："敕勒川，阴山下。天似穹庐，笼盖四野。天苍苍，野茫茫，风吹草低见牛羊。"将北方草原风光的壮美描绘得淋漓尽致，歌中唱的"穹庐"即指蒙古包。

（四）四合院

四合院建筑是我国地域分布十分广泛的一种民居，不论大江南北都能见到四合院❶的身影。四合院通常由几世同堂的大家庭共同居住，最具代表性的当属北京的四合院。

四合院属于合院式建筑，院子的四面都有房屋。回廊、天井是家人们聊天休闲的地方。"四"指的是东、南、西、北四面，四面墙壁围合在一起，呈"口"字形状。大门将房屋与外界沟通起来。走廊将四面的房屋连接起来，即便是刮风下雨，住在不同房间的人沿着走廊也能够相互走动❷。家庭成员的住房有较为严格的长幼次序。正房通常是一家之主居住的，其他人则住在侧房。人们喜爱在四合院中栽种绿植、盆栽，点缀院内环境。

大户人家居住的四合院级别更高，面积更大。小型的四合院呈"口"字形，为一进院落，"日"字形的是二进院落，"目"字形的是三进院落。四合院有重要的历史文化价值，人们越来越关注四合院的保护。

❶ 四合院在辽朝已经初具规模，历经金、元，到明清时期逐渐完善。

❷ 四合院的中间是一个比较大的庭院，四方是住房，房屋的门窗都面向院子开，对外不开窗。

（五）乔家大院

乔家大院是全国闻名的一座民间宅院，素有"皇家有故宫，民宅看乔家"的说法。乔家大院又名"在中堂"，位于山西省祁县乔家堡村，它的主人是清代著名的晋商乔致庸。

乔家大院始建于清朝乾隆年间，经过乔家几代人的努力修建而成，建筑面积达四千余平方米，十分阔气。乔家大院的构造布局，呈现出双"喜"字的造型，墙壁高大，三面临街。民国时期，乔家人丁兴旺，乔家大院再次扩建，并且采用中西合璧的装修风格，修建了浴室和"洋洗手间"。

乔家大院有着"北方民居建筑的一颗明珠"的美称。乔家大院精美的雕刻、宏伟的造型，充分展现了民间建筑的高超水平和工匠们的智慧，极具观赏与历史价值。现在乔家大院里陈列着众多反映民众生活的珍贵文物，是一座展现山西风土人情的民俗博物馆。

二、居住民俗

居住民俗不仅表现在民居的建筑类型，百姓相关的居住理念、搬迁礼仪也属于其中的重要内容。

居住民俗与民间信仰密切相关。中国人讲究风水❶，注重房屋的选址。风水又称堪舆。人们普遍认为风水的好坏会影响家族成员事业前途的发展，关系到子孙后代的祸福兴衰。在动土之前，大户人家会请来"阴阳先生""巫师"之类的人物前来勘测，选择合适的基址。选址强调要背靠山，坐北朝南，忌讳在坟地、

❶ 我国传统风水与建筑美学之间有着紧密的联系。如传统风水对建筑物的环境要求"左青龙，右白虎"，这就是建筑美学中的对称均衡原则，我国的建筑中便处处都有对称美的体现。

① 《荆楚岁时记》记载："十二月暮日，掘宅四角，各埋一大石为镇宅。"《鸿宝万毕术》记载："埋丸石于宅四隅，槌桃核七枚，则鬼无能殃也。"

寺庙的旧址上建造房屋。

为了驱除不祥，人们还会使用一些镇宅物品，常见的有镇宅石、石狮子、铜镜、貔貅等❶。如今，我们仍然可以看到有些老宅子的门口摆放着两只威武的石狮子。

新家建成之后，人们通常要放置一段时间再搬进去。搬迁新居对于人们来说是件大事，往往要选择黄道吉日。迁入新居后，户主通常在半夜十二点放爆竹庆祝。很多地方有邀请亲朋好友来新家聚餐、参观的习俗，亲友们前来恭贺"乔迁之喜"。

在居住生活中也大有讲究，比如"坐"，宋代以前，古人习惯席地而坐，双膝贴地，臀部坐于脚跟之上。如果笔直地伸着腿，则会被认为有失礼仪。比如刘邦在见郦食其的时候正"踞坐在床"令侍女洗脚，《汉书》中使用"踞"而不是"坐"，就是因为刘邦是伸开腿坐在床上而不是端正地跪坐着。此外，铺在地上的垫子使用久了，垫子的四个角容易卷起来，于是古人发明了铜镇来压住垫子的四角。有的铜镇会做成各种动物的形状。为了防止铜镇钩住衣服，铜镇的周边会比较圆润。

三、建筑民俗的影响因素

因气候不同，各地的民居也呈现出多样性。从南北差异来看，南方降水量多，屋顶的坡度大；北方的降水量偏少，屋顶的坡度较小或者为平顶。南方的民居多为白墙青瓦，家门前有小溪流过，因而人们常用

"粉墙黛瓦""小桥流水"来形容江南水乡。俗话说"江南园林甲天下,苏州园林甲江南"。苏州园林曲径通幽、绿意盎然,亭台楼阁、花鸟石泉组合在一起,充分展现人与自然的和谐之美,既古色古香,又充满着诗情画意,体现着山水园林之美❶。

中国人以家庭为本位的思想浓厚。选择房屋的住址时往往会重视风水,希望能给家族带来好运,使家族兴旺。此外,外来文化对中国民居也产生了影响,尤其是在东南沿海地区,出现了一些造型优美的中西合璧的民居。随着社会经济的发展,小洋房、别墅也更为常见。20世纪受苏联的影响,现在一些地区还有着苏式建筑的遗存。另外,古时候讲究人丁兴旺,很多都是大家庭聚居,几代人共同居住在一起,有共同的院子。现代人更多偏向于小家庭的生活方式。房子的楼层越来越高,城市里几十层的高楼大厦已经十分普遍,大家住在电梯房里,邻里之间的交流也更少。

人们常说"家"是温馨的港湾,住所是家庭回忆的载体。房子不仅是起居的住所,还体现着中国人的审美、情趣,中华文化中的哲学理念和中国人的精神。

❶ 我国的园林建筑艺术历史悠久,表现的是自然美,"虽由人作,宛自天开"。以明代建造的私家园林为例,就有休园、拙政园、寄畅园等多个江南园林,景致秀美,曲折幽深。

第四节 交通民俗

交通民俗是关于交通工具、交通设施以及出行礼仪禁忌等方面的习俗。人类的经济活动离不开交通运

① 驰道也称"御道",是专供皇帝车驾行走的道路,若无皇帝特许,即使是皇亲国戚、王公大臣,皆不可驶入。《史记》记载,汉武帝的乳母曾获特许诏令,可"乘车行驰道中",而《汉书》记载,馆陶公主未得诏令,车骑进入驰道后,被"尽劾没入官"。

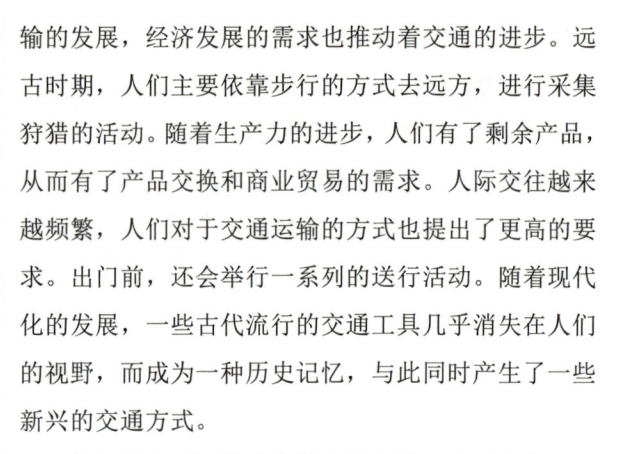

输的发展,经济发展的需求也推动着交通的进步。远古时期,人们主要依靠步行的方式去远方,进行采集狩猎的活动。随着生产力的进步,人们有了剩余产品,从而有了产品交换和商业贸易的需求。人际交往越来越频繁,人们对于交通运输的方式也提出了更高的要求。出门前,还会举行一系列的送行活动。随着现代化的发展,一些古代流行的交通工具几乎消失在人们的视野,而成为一种历史记忆,与此同时产生了一些新兴的交通方式。

我国的交通运输具有悠久的历史。秦始皇统一六国后,在国内修筑起以首都咸阳为中心的"驰道"①,主要干线一条向东通向燕齐,一条向南通向吴楚。驰道旁边每隔三丈栽种一株松树。"书同文,车同轨",车轨的宽度统一为六尺。秦汉时期修建驿站,十里设亭,三十里设驿站。驿站是设在官道上,为来往的官吏提供的休息、补充供给的场所。甘肃省博物馆馆藏的一块汉代画像砖上,绘有手持火把骑在马上的一位官吏的形象,这就是邮递员的前身,也成为现在中国邮政的"形象大使"。隋炀帝主持修建大运河,在此之后我国逐渐形成四通八达的水陆交通网。

东汉时期已经产生了道路的里程标志——"堠",是现今道路上里程碑的雏形。"堠"即是土堆的意思,用土堆表示固定的里程数。按"堠"计算的里程就叫"堠程"。这无疑为古人的出行提供了便利,起到了提示路程远近的作用。在道路两旁植树的传统早在千年以前就已经形成。《国语》中就有"列树以表道"的记载,通常在道路两旁种植松树、梧桐树、柳树等

树木。

在机械代力形成以前,主要依靠人力、畜力、风力、水力的挑、拖、推、驮等方式进行运输,并随之产生了一系列与交通运输相关的职业,如船夫、驾车的御者、拉车的车夫、从事苦力搬运的脚夫等。而现代的交通运输方式主要有铁路运输、公路运输、水路运输、航空运输和管道运输。在现代交通运输四通八达的同时,仍然保留着人力、畜力等传统的交通运输方式。

下面主要围绕交通工具、交通设施以及出行习俗三方面展开介绍。

一、陆上交通工具

中国的交通工具五花八门。中国古代出行工具有"南船北马"之说,南方人出行多乘船,北方人出行多骑马。北方陆路发达,南方江河众多,水域网络四通八达。

(一)古代陆上交通工具

陆上交通工具的发展有着悠久的历史,在机动车辆产生以前,古代社会中主要是依靠畜力和人力进行运输。按照常见类型来说,一类是应用广泛的车子、轿子等代步工具,另一类则为牲畜。

《道德经》云:"三十辐,共一毂,当其无,有车之用。"❶ "毂"指的是车轮中心的圆孔,即插车轴的地方。古时候的车轮大多由三十根辐条构成。

❶ 陈鼓应注译:《老子今注今译》,商务印书馆,2016年,第115页。

❶ 辇一般为君王宫中所用，秦汉以来，专指帝后所乘之车。

❷ 《礼记·曲礼》记载："大夫七十而致仕，若不得谢，则必赐之几杖，行役以妇人，适四方乘安车，自称曰老夫。"

❸ 我国古代有着严格的舆服制度，古人所乘车马是身份地位的象征，不可逾越。《逸礼·王度记》记载："天子驾六，诸侯驾五，卿驾四，大夫三，士二，庶人一。"

不同类型的车子材质、形状、用途不同，人们平时出行的常用工具有安车、辎车、轿子等。

辇❶是古代用人力拉的车子。《说文解字》中解释为"挽车也"，就是指人挽拉车子。辇以前是有轮子的，魏晋以后将轮子去掉，就变成了轿子。

辎车是一种有帷盖的大车，车上的帷盖可以遮阳挡雨。《释名·释车》云："辎车，载辎重，卧息其中之车也。"也就是说，辎车是可以供人们寝卧休息的。人们常说的"辎重"指的就是装载于车的物资。《道德经》云："是以圣人终日行不离辎重。"

安车是可以乘坐的小车，多由一匹马拉。古车通常是立乘，而此车可以坐乘，因而名为安车。安车通常是供年老的高级官员和贵妇使用❷。

温车又叫辒辌车，有帷幔和可以开关的窗子，由此以调节车内温度。《史记·秦始皇本纪》中记载秦始皇崩于沙丘之时，丞相李斯等人秘不发丧，将秦始皇的棺木放于辒辌车中。后来温车演变为丧车。

马车是古人出行时常用的工具。通常为四马驾车，驾辕的两马称为"服"，"服"边上的两匹马叫"骖"。"天子驾六"，天子才能享用六马驾车的待遇❸。此外，还有牛车、羊车。牛吃苦耐劳，稳当忠厚，所以牛车一般用于装载货物。魏晋时期的文人雅士流行乘坐牛车。

轿子也称为"肩舆"，是古代人们出行普遍使用的传统工具。道路崎岖不平，乘车少不了磕磕碰碰，人抬轿子就能有效减少这类情况。官员、百姓乘坐轿子的等级、规格不同。结婚时抬新娘用的轿子叫作花轿，花轿一般颜色鲜艳，十分喜庆。古代的花轿就相当于现代的婚车。随着汽车的普及，轿子渐渐消失在人们的日常生活之中了。

滑竿是具有山区特色的人力代步工具，相当于简易版本的轿子。以前滑竿在四川、重庆地区使用较多，现在在川渝的一些风景区有时还能见到滑竿。滑竿用竹竿、竹条编成，形状似竹椅。抬滑竿一般需要两人，两人要保持步调一致，相互配合，这样才更省力。

独轮车❶是一种人力推拉的小型车，也叫一轮车。车身用木头制成，结构简单，前窄后宽，车把有一尺多长，车的前部装有独轮。独轮车可以用来载货或者载人，小巧灵活，方便轻快，车轮转动时容易发出咕噜咕噜的声音。独轮车不论是在平地还是山区都能够使用，适用于货物不多的短距离运输，因而广泛地运用到人们的生活领域。著名的四川"鸡公车"、江南"羊角车"都属于独轮车的范畴。

牲畜除了作为牵引力，其本身也直接作为运输工具使用。马、牛、羊、驴、骆驼、大象等动物是古代常见的交通工具。

马是古时最常用交通工具，古人的诗句中大量提及骑马的场景，如"春风得意马蹄疾，一日看尽长安花"。

牛、羊的体型和力气要比马小得多。《史记》中记载，老子出函谷关时骑着一头青牛离去。牧民们常常将羊作为驮载运输的工具。青藏高原地区的牦牛，耐劳耐寒，广泛地运用于高原地区的货物运输，被人们亲切地称为"高原之舟"。驴和骡子也是常用的代

❶ 在东汉时期，我国已有独轮车，东汉应劭在《风俗通义》中记载："无牛马而能行者，独一人所致耳。"

步工具，成本低，饲养起来较为容易。人们常在驴的头上安上红色的穗子，脖子上套上皮套再挂上铜铃。

骆驼是西北沙漠地区不可或缺的运输工具，有"沙漠之舟"的美称。骆驼耐旱耐渴，一旦补充完能量，就可以长久地不吃不喝。此外，骆驼宽厚独特的脚掌使得它在沙漠中可以长时间地行走而不会深陷细沙之中。这些特性使得骆驼成为沙漠里无法取代的交通工具。丝绸之路上悠远的驼铃声在沙漠中回荡，往来的商客络绎不绝，千百年来，骆驼在中外文化交流中发挥着至关重要的作用❶。

大象是流行于我国西南地区的运载工具。大象体形庞大，力量充沛，能够负载较重的物品。云南的一些居民使用大象作为出行工具与运载工具。

（二）近现代陆上交通工具

工业革命催生了机械动力，所以近现代以来交通工具发生了翻天覆地的变化。近代以来，陆上交通工具有自行车、电动车、摩托车、小轿车、火车、飞机等，给交通运输带来了极大的便利。下面讲述较有特色的黄包车和自行车。

黄包车是一种人力拖拉的双轮客运工具，车身涂黄漆，故名黄包车。它的发明者本是英国人，19世纪下半叶从日本传入上海，因而又叫"东洋车"。同治年间，一个叫米拉的法国人看到上海租界的繁荣，人们的出行需求巨大，而黄包车既便利又成本低廉，于是从日本购进黄包车。此后，黄包车风靡中国的各大都市，大街上常见车夫拉车奔跑的身影。黄包车需

❶2007年，考古人员在定鼎门遗址发现了晚唐时期人的脚印、车辙和骆驼蹄印。可见，唐朝时期，洛阳与西域通过丝绸之路保持商贸往来。

要耗费车夫大量的体力,所以车夫十分辛苦。《骆驼祥子》中的主人公祥子,就是一个典型的黄包车车夫。从事黄包车生意的人大多都是底层的劳苦大众,艰难地维持着生活。中华人民共和国成立以后,黄包车逐渐消失在人们的视野中,成为博物馆中的历史文物。

　　自行车又叫脚踏车,人骑在自行车上以脚踏踏板为动力,驱动车子前进,绿色环保。在小轿车普及之前,自行车是人们出行的常用工具。二十世纪六七十年代,彩礼四件套分别是自行车、缝纫机、手表和收音机,自行车、缝纫机和手表都会转动,收音机会发出声响,故有"三转一响"之说。当时自行车中的知名品牌主要有"凤凰牌""飞鸽牌""永久牌"。我们在一些地方仍然可以见到一些旧款式的自行车,车的前部有一根横杠。现在自行车的造型日益多样,出现了可折叠、易携带的折叠自行车。自行车的用途也不局限于代步,人们还将自行车作为锻炼身体的健身器材,如健身房里的动感单车。在青年中还流行着单车旅行这样一种特殊的旅行方式,旅行的交通工具主要是自行车,骑手骑着自行车去往全国甚至世界各地旅行,感受异域风情。全国常年举办各类自行车的竞技比赛,培养职业的自行车运动员。还出现了专门为儿童设计的儿童自行车,它的体形更小,在车的后轮左右两边分别加上有撑杆支撑的两个轮子,加强车子的稳定性和安全性,避免儿童摔跤。在我们现在的日常生活当中,符合新发展理念的共享单车遍布主要街道,使用非常方便快捷,既能锻炼身体,又节能环保。

总体上看，我国历史上有着丰富多样的交通工具，就发展的总趋势而言，人力在交通出行中的使用和作用都大大减少和减弱了，代步工具普遍应用于人们的日常生活中。

二、水上交通工具

水上交通运用最广泛的工具便是船了。尤其是在雨水丰沛、江河众多的南方地区，船的使用更为普遍。船的种类有很多，有帆船、乌篷船、桦皮船、轮船、游艇等。其中篙是撑船的重要工具，多用竹子制作而成，可以推动船前进，也可以用来避开石头等障碍物。当然，水上出行受到风速、水流的影响较大，诗歌"两岸猿声啼不住，轻舟已过万重山"中就描绘了船因顺流而下而飞快前行的场景。出门游玩时乘坐小舟亦别有一番乐趣，"闻说双溪春尚好，也拟泛轻舟"。下面介绍一些水上交通工具。

（一）乌篷船

乌篷船也叫脚划船，流行于江南地区，它的特别之处在于船前进的动力源于船夫脚踏船桨。乌篷船的船桨位于船的尾部，船夫坐在桨后面，双脚一前一后蹬桨，由此推动船前进。乌篷船缓缓地开动，水中倒影与自然美景相映成趣，表现出一种悠游自在的诗情画意。现在我们经常见到的水上乐园里的脚踏船就是乌篷船的简化版。

● 【宋】 夏圭 长江万里图
由此图可见船在宋朝的应用。

(二) 桦皮船

桦皮船在东北地区普遍使用，其特点是以桦树皮为材料包裹船身。东北地区是桦树的主要产地。在黑龙江、松花江、乌苏里江等流域，人们因地制宜地使用本地物产，制作出富有区域特色的桦皮船。

(三) 渡船

渡船即渡口的摆渡船，生活在渡口附近的人们要出行，乘坐渡船十分普遍。渡船既可搭载客人，也可以搬运货物，由此产生了专门以摆渡为生的船家。船夫也被称为"艄公"。

除了船之外，较为常见的还有竹筏、木筏、皮筏等水上出行工具。竹筏流行于盛产竹子的南方地区，以竹子为原料，去皮、涂沥青、晾干后扎成一排。木筏流行于盛产木材的地区。皮筏以动物的皮为重要材料制作而成，首先将圆木扎紧编成木排，然后在下面拴上动物皮做成的皮囊。皮筏流行于牛羊众多的甘青宁等地区，人们就地取材制作而成。筏类用具的材料往往和该地区的自然条件有关，优点是制作起来较为简单方便，深入民众的生活，缺点是吃水量小，承载量小。

三、交通设施

古代传统的交通运输通道可以分为陆路通道和水路通道。

陆路通道可以分为普通的道路以及栈道和盘山路。普通的平直道路很常见，主要在平原地区，而栈道和盘山路主要在山区。栈道在四川地区较多，沿着陡峭的山体修建，在悬崖峭壁上开凿洞孔，铺上支架和木板。盘山路通常按照等高线修建，蜿蜒曲折。

水路通道由水道和桥梁构成。水道可分为天然水道和人工开凿的水道。长江、黄河等天然的河流属于天然水道。京杭大运河是我国著名的人工水道，南起余杭（今杭州），北至涿郡（今北京），成为沟通南北的大动脉。

中国是桥的国度。桥梁是横架于水面之上沟通两岸的建筑物，可架于江河湖海之上以便行人、车辆通行。桥的种类众多，可以分为梁桥、拱桥、索桥等几类。梁桥也称为平桥，桥面平坦，以桥墩立于水面来支撑桥梁。拱桥具有曲线美，有单拱、双拱、多拱之

分,我国著名的代表性拱桥为隋朝建造的赵州桥。索桥也叫吊桥,走在索桥上容易摇晃,因而人们会扶着两边的缆索、栏杆或者手脚并用、小心翼翼地前进,四川著名的泸定桥就是铁索桥的一种。

桥梁不仅具有实用的功能,而且富有艺术价值。小桥流水成为江南水乡的代名词,可见桥的形象所包含的美感。桥在水面中的倒影与天空、树叶的倒影相映成趣,波光粼粼,勾画出与自然环境和谐共生的美丽画卷。中国四大古桥分别是北京的卢沟桥、石家庄的赵州桥、潮州的广济桥、泉州的洛阳桥。

四、出行习俗

在交通、信息不发达的古代,出门远游对于家庭来说是一件大事。行人跋山涉水,路途遥远艰辛,一旦离家可能数月乃至数年才能回家,更何况一路风尘仆仆,生命安全可能都没有保障,因而古人对于远行尤为重视小心。

古代出行受到自然条件的限制很大,李白面对蜀地的崇山峻岭,发出"蜀道之难,难于上青天"的感叹。况且古代音讯传递不便,人们一旦分离可能数年不能相见,因而有"我居北海君南海,寄雁传书谢不能"的感慨。于是产生了中国古代别具一格的送别诗,诸如"桃花潭水深千尺,不及汪伦送我情""劝君更尽一杯酒,西出阳关无故人""多情自古伤离别,更那堪,冷落清秋节"的离情别绪。

由于出行如此危险,所以古人出行有很多讲究,

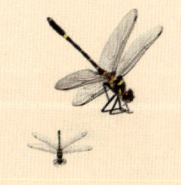

① 祖即祖神，也称为行神、道神。关于祖神是谁，民间有很多不同的传说。《山海经》记载，黄帝元妃嫘祖与黄帝南巡，教民蚕桑，逝于道上，被人们祀为道神、行神。《风俗通义·祀曲》中记载："共工之子曰脩，好远游，舟车所至，足迹所达，靡不穷览，故祀以为祖神。"

②（汉）班固：《汉书》，中华书局，1962，第2883页。

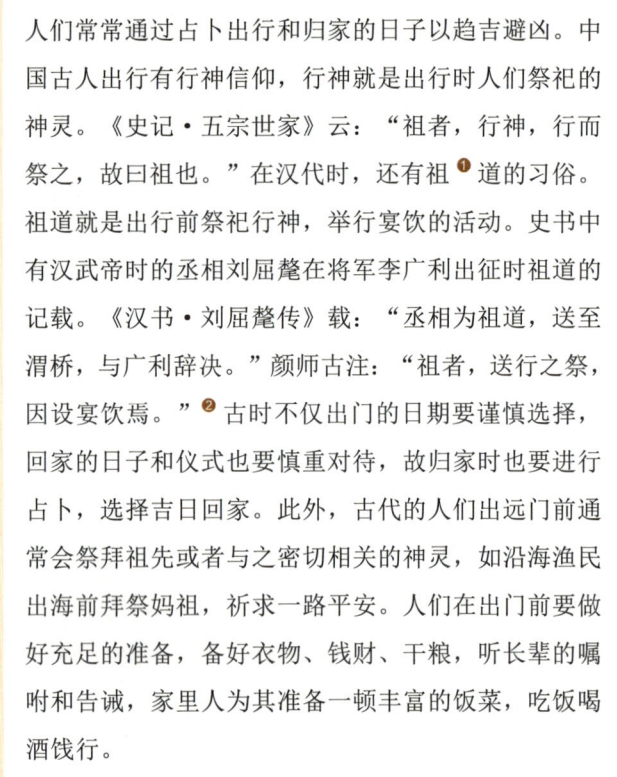

　　人们常常通过占卜出行和归家的日子以趋吉避凶。中国古人出行有行神信仰，行神就是出行时人们祭祀的神灵。《史记·五宗世家》云："祖者，行神，行而祭之，故曰祖也。"在汉代时，还有祖①道的习俗。祖道就是出行前祭祀行神，举行宴饮的活动。史书中有汉武帝时的丞相刘屈氂在将军李广利出征时祖道的记载。《汉书·刘屈氂传》载："丞相为祖道，送至渭桥，与广利辞决。"颜师古注："祖者，送行之祭，因设宴饮焉。"②古时不仅出门的日期要谨慎选择，回家的日子和仪式也要慎重对待，故归家时也要进行占卜，选择吉日回家。此外，古代的人们出远门前通常会祭拜祖先或者与之密切相关的神灵，如沿海渔民出海前拜祭妈祖，祈求一路平安。人们在出门前要做好充足的准备，备好衣物、钱财、干粮，听长辈的嘱咐和告诫，家里人为其准备一顿丰富的饭菜，吃饭喝酒饯行。

　　亲人出门远游，在家的人少不了牵挂和思念，中国人素来对于远行持慎重的态度。《论语·里仁篇》："子曰：'父母在，不远游，游必有方。'"出门远游可能会面临危险与困难，这无疑会引起父母的牵挂，所以孔子强调，如果需要出远门则一定要告诉父母自己的去处，以免家人担心。秦琼是隋唐时期远近闻名的大孝子，关于秦琼的一则小故事恰恰说明了亲人对于孩子出行的担忧。人们常说的"儿行千里母担忧"就与秦琼的故事有关。《隋唐演义》中记载，一日秦琼与兄弟们一起出去喝酒聊天，直到五更才回家。回到家发现，大门仍然敞开，母亲倚门而立，媳妇站在

母亲旁边。秦琼惊讶地问母亲这个点怎么还站在门口。母亲衣袖一挥,回到屋里,老泪纵横,秦琼见状连忙跪下。母亲说道,你到外面饮酒,全不知儿行千里母担忧,我心中苦楚,你却置之度外。此前路上有人被打,街坊邻居纷纷上前围观,但是母亲我却不敢去看,生怕你有什么闪失。秦母担忧孩子的慈母形象跃然纸上。秦琼虽未远行,母亲已然十分担忧,更何况那些常年在外的游子呢。

现代人出行较古代已经方便太多了,迷信的占卜习俗和心理已经大为削弱,外出游玩早就变成了一种休闲娱乐的方式而被人们广为接受。节假日成为人们出门旅行的高峰期。人们可以选择自驾游、跟团旅行等不同方式,出门远游回来给家人们带上特产和小礼物,亲友则会置办接风洗尘的酒席。如今手机等电子通信设备普及,使得我们可以便捷地联系到天各一方的亲人朋友,向亲友报平安,自然就削弱了分别时的不舍。网络的发展极大地改变了人们的出行方式,"云旅游"一词近些年十分流行,线上交流大幅度减少了人们的实际出行。交易、工作都可以在线上进行,线上购物、线上开会乃至线上旅游的生活方式早已深入人们的生活。对于人们日常的实际出行来说,最重要的原则是遵守交通规则,保护自己和他人的生命安全。

交通习俗的变化体现着时代的变迁,交通工具的进步使得人们的交流变得前所未有的方便,人口的迁徙流动变得非常频繁。

总之,服饰、食物、住宅、出行,伫立于文化

的根基之上,与大众的生活紧密相连,展现着大众丰富精彩的生活世界,承载着中华民族灿烂辉煌的物质和精神文明。

第六章

民俗的影响和价值

第一节 民俗的地位

　　光辉灿烂的中华文明孕育出古老悠久的民俗文化，民俗文化与中国源远流长的历史进程相始终，与时代的脉搏齐跳动。民俗的内容包罗万象，融会生活中诸多领域于一身，涉及大众的生活方式、伦理道德、传统节日、信仰、心理、艺术审美等方面，与社会的经济发展、文化自信有机地结合在一起。

　　民间性是民俗最本质的特征。民俗的对象离不开"民"，传承和创造民俗文化的主体是社会中的普通百姓。民俗文化与人类的历史是有机的共同体，人们生活在社会中，须臾不与这种文化分离，无时无刻不受到民俗文化的熏染。因而，民俗文化为我们了解民间百姓的生产生活和思想世界提供了特别的视窗。

　　民俗文化有着鲜明的地域性。民俗之美，美在它的特殊性。中国地大物博，有千万种风俗，民情民风是一个地区区别于其他地区的显著标志，是地域文化的象征，同时也是一个国家在世界舞台上的闪亮名片。

人们谈到一个地方往往首先会想到当地有哪些代表性的风俗、自然景观、物产等，地域性的差异使民众对于远方的事物保持着好奇心。有时，一个地方的某个事物，当地人可能不以为意，但是到了其他地方可能就会广受关注。不同的自然环境造就了不同的民风，生动地表现在衣食住行上。衣着上，不同的民族有自己独具特色的民族服饰；饮食上，北方的食物通常分量充足，面食种类多样，而南方的食物讲求细腻，分量小而精致；住宅上，北方降雨相对较少，屋顶较为平缓，而南方降水量大，出于排水的需要，屋顶的坡度较大；交通出行上，北方出行多走陆路，南方江河湖海众多，走水路是常见的出行方式。民俗的地域差异不胜枚举，不同的自然环境，塑造了东西南北各地民众性格、外貌特征、行为方式上的种种差异。正是民俗的地域性，造就了我国社会风貌的多样性。

从内容上看，民俗文化是历史长期发展的产物，是大众集体创造和选择的成果，是中华民族集体的记忆，凝结着中华民族几千年的文化缩影。民俗文化蕴藏着极其丰富的内涵，其中包含的人生礼俗、岁时节令、民间信仰、衣食住行等内容，深深嵌入百姓的生活之中，以潜移默化、润物无声的方式长久地影响着人们的生活方式，为百姓的生活增添艺术气息。我国的民俗不胜枚举，本书所叙述的以上四类民俗仅仅是其中最为常见的民俗文化的一部分而已。民俗文化来源于生活，贴近生活，以人们喜闻乐见的方式表现出来。

人的一生都在民俗仪式中与社会发生联系，通过社会所承认的一套礼仪，得到认同。人们从来到这个

世界开始就接受着社会已经规定好的一套民俗礼仪，婴儿时在父母的怀抱中度过诞辰礼，成年之后在亲友的见证之下举行婚礼，年老之后又在亲友的哭声之中离世。人生礼俗围绕人一生的重大时间节点，如诞生、嫁娶、寿辰、离世等而展开，人们在人生礼俗中潜移默化地接受民俗对他们的熏陶和改造。人的本质属性是社会性，人的一生就是不断社会化的过程，人生礼俗以一种程式化的方式，传递给人们什么年龄应当扮演什么角色的信号，赋予人们生活的仪式感和角色的责任感，从而调节控制人们的生活。

　　我国古代社会重视农业和祭祀，传统节日的设立鲜明地体现出农业因素和民间信仰的影响，许多节日起着引导指示农业时间节点的作用。中国传统节日民俗中的年画、对联，便是以一种贴近生活的艺术形式，展现中国画和中国语言文字的独特魅力。年画以喜庆的丰收、胖娃娃之类的图案为主，多表现出质朴的民风，表达了人们对于丰收、幸福的生活的向往。红纸对联在增添节日喜庆氛围的同时，体现中国语言文字的韵味和美感，富有生活的情趣，是中国民间文学艺术的杰出代表。

　　民间信仰关乎人们精神层面的思考，原始信仰体现的是民众对于宇宙自然的关注和认识，后来人类逐渐意识到自身的主体性地位，于是进一步将神灵人格化，甚至将著名的历史人物附会为神灵进行祭拜。虽然民间信仰充满神秘色彩，但是我们并不能将民间信仰简单地视为装神弄鬼和封建迷信，在神灵崇拜和禁忌消灾仪式的背后也蕴含着一些合理的价值理念。

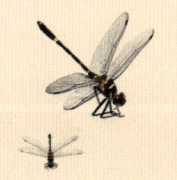

在历史上那些山河破碎、风雨飘摇的日子里，生活的重担压在无数普通的百姓身上，在苦难中挣扎的人们将神灵视为改变现状的救命稻草，在失望与希望交织的情形下，苦苦追寻幸福安宁的生活。可以得知，神灵崇拜对于调节百姓的个人心理、助其抒发情绪有着难以替代的作用。此外，民间信仰中所宣扬的对自然宇宙的敬畏、劝善去恶的思想、人与自然的和谐统一等思想无不有利于人与人、人与环境的和谐共处。神灵的神圣性促使人们在日常生活之中葆有敬畏之心，犹如一汪清泉，在工业文明高度发达的现代社会显得难能可贵。

民俗并不是孤立遥远的空中楼阁，民俗的产生适应大众的生产生活需要，满足民众的心理与情感，服务广大人民的生活，它直接关系到每一个人的衣食住行和人际交往，与人们的生活密切结合。《礼记·曲礼上》云："入竟（境）而问禁，入国而问俗，入门而问讳"，这句话指的就是入乡随俗是人际交往的基本准则之一，一旦进入不同的环境、他人的领地，我们应当知晓当地的禁忌，懂得跨文化交流的技巧，不然可能会造成不必要的困扰。当然民俗的尊重也是相互的，我们前往陌生的地方首先要尊重当地民俗，自然外地人来到本地也要尊重我们本地的民俗。因而人们在出行前就应知晓目的地的风俗禁忌，从而有利于友好往来。在日常的交际中也要注重风俗和禁忌，如在人们生活中占据重要地位的宴饮活动，其中的娱乐活动往往能够活跃气氛，促进人们之间情感的升温，但是也有相应的礼仪，如果不懂得这些礼仪和规矩，

可能会被认为是不尊重他人和没有礼貌的表现。

中国浩如烟海的文化典籍记载了我国古代丰富的民俗。《周礼》《仪礼》《礼记》记述了传统的礼乐文化；我国的第一部诗歌总集《诗经》，收录了西周至春秋中叶的诗歌，分为"风""雅""颂"三部分，其中"风"就是各地的民歌，反映了周代民间的社会风貌；《荆楚岁时记》❶是对南北朝时期楚地岁时节令的习俗和故事的记载，涉及民间的节日活动、手工艺、信仰心理、传闻逸事等有趣的民俗事项；《东京梦华录》记载了北宋开封府的风土人情，包含上至王公贵族，下至庶民百姓的生活起居、岁时节令、婚丧嫁娶、娱乐活动，多角度描绘了北宋京城的民俗风尚；上古时期的奇书之一——《山海经》保存了不少古代的神话传说和地理风貌的记载，是一部展现远古风貌的经典著作；魏晋以后民间的神魔志怪小说源源不断地涌现出来，如东晋干宝的《搜神记》、明代许仲琳的《封神演义》、清代蒲松龄的《聊斋志异》等，反映了民众精彩的精神世界。民俗为社会生活史不可或缺的内容，正是因其在民众生活中所起的突出作用，在历史典籍中留下的资料可谓汗牛充栋。

近代以来，我国社会变革之剧烈前所未有，一次次的社会思潮冲击着人们固有的思维方式，人们的生产生活方式都与以往有了很大的不同。在我国由一个传统的农业社会迈向现代社会的进程当中，民俗随着社会的变迁同样迈入了转型发展的新阶段。民俗的演变是一个动态发展的过程，它容易受到外在因素的影响，旧有的不适应时代的习俗在改变或者消亡，适应

❶《荆楚岁时记》的重要贡献之一就是将很多原本只属于荆楚地区的习俗传播到全国各地，从而成为流行全国的风俗。如端午节纪念屈原的传说，最早流传于荆楚，后来成为全中国的节日风俗。

我国国情的新民俗也在不断涌现,并且以更加新颖的面貌展现在大家的面前。

第二节　民俗的功能与社会影响

民俗是一种民族的文化记忆。著名的社会学家费孝通在《乡土中国》中提到:"人不能离开社会生活,就不能不学习文化。文化得靠记忆,不能靠本能,所以人在记忆力上不能不力求发展。我们不但要在个人的今昔之间筑通桥梁,而且在社会的世代之间也得筑通桥梁,不然就没有了文化,也没有了我们现在所能享受的生活。"[1]这段话放在民俗文化的语境中同样富有深意。一个民族如果不知晓本民族的民俗文化,其实恰恰就像一个人缺少了部分记忆,没有了记忆,便会对未来的生活茫然无措,对过去的生活缺失体验。民俗是人民世世代代选择、创造、延续的结果,正是这些民俗文化构成我们现在的生活方式和五彩缤纷的生活的一部分。

人创造了民俗,民俗也改造着人。民俗对于我国民众的语言、思维、行为方式起着重要的作用。中国有一句古话叫作"历世相沿谓之风,群居相染谓之俗",说的便是人们在世代相袭以及日常生活的耳濡目染之中形成了相对固定的习俗。幼年之时,儿童或是亲历家长为之举行的民俗仪式,或是跟随着长辈的步伐学习生活中的习俗和规矩。等到长大之后,接受

[1] 费孝通:《乡土中国》,人民出版社,2008,第19-20页。

了这种行为方式和价值观念的成人又以同样的方式来对待周围的人和子孙后代，将社群共同认同的习俗传递下去。民俗便是如此富有感染力的文化因素，在代代相传之中成为一方风俗。

民俗尽管是民间约定俗成的文化，但倘若想在全社会形成重大影响力，便离不开官方的承认和支持。较为典型的例子，如民间信仰中的一些神灵，像碧霞元君、天妃妈祖等经过历代统治者的加封，纳入国家的官方祀典，成为有着广泛信众、影响全国的神祇。中国传统节日也是如此，一旦得到官方的支持和认可，通常能够有效地扩大其影响力度，在全社会风行，从而形成全国人民共同享有的节日文化。

民俗是对人类已有经验的总结，不仅具有历史文化价值，而且还有现实生活的价值。民俗文化不是过去式，而是动态的进行时，它依旧存活于当下的社会中，对人们的生活体验有着实际的影响，并将继续发展向前。民俗文化承担着维系社会的功能，对人们的思维方式、生活方式都起着重要作用。社会若要维持和谐有序的状态，人们的行为便需要得到约束，但是法律无法触及生活中的各个方面。民俗以一种细致入微的方式悄无声息地步入人们的思维当中，它的触角遍及人际交往、岁时节日、衣食住行、文学艺术、禁忌与信仰等领域，它指导着人们应该做什么，不应该做什么，它与法律互为补充，为人们提供行为方式的价值准则，维系社会的有序运转。人们在世代传承中自觉遵守着民俗的规定，接受民俗的引导。

德国哲学家康德的一句名言说道："有两样东西，

人们越是经常持久地对之凝神思索，它们就越是使内心充满常新而日增惊奇和敬畏：我头上的星空和我心中的道德律。"[1] 遵守道德是出于人类本性的需要，民俗之中便蕴含着对大众的道德要求，能够带来精神的力量。家风家训的出现便是家庭对于个人修养、立身处事、持家治业的规谏，通常涵盖个人、家庭、社会、国家的层面。民间信仰具有道德教化的功能，可协调社会矛盾，并且促使人们对于自然葆有敬畏之心。作为一种无形的规矩，民间信仰在化育人心、引导人们向上向善中起着不容忽视的作用，是鼓舞人们前进的精神动力。

民俗文化使得民众有着强烈的文化归属感和情结。尤其是在中国广大的乡村社会，宗族的力量将人们牢牢地联结在一起，村民们共同举办的各种民俗活动给人留下深刻的回忆，如民间举行婚礼时锣鼓喧天的热闹景象，春节迎灶王时不绝于耳的鞭炮声。人们总是对故土葆有着深沉的热爱，不论身居何处，天南海北的游子都会心系故乡，家乡的风土人情、家乡的节日活动、家乡的美食、家乡的风景浮现在眼前，如一缕淡淡的茶香萦绕在心间，让人长久回味。民俗成为人们精神上的一种挂念。谈及民俗，一种熟悉与欣喜的感情油然而生。没有民俗的体验就像是没有根的浮萍，不知道自己的归属。如果缺少了民俗中的活动和种种仪式，生活便失去了许多乐趣。

民间信仰是维系社会和谐的重要力量。在众多的信仰民俗中，祭祖是人们践行孝道的重要方式之一。《钱氏家训》云："祖宗虽远，祭祀宜诚。"孝老敬

[1] 姚东旭、武威利、季文娜等编著《理性主义哲学家的智慧》，天津人民出版社，2019，第230页。

亲是我国的传统美德，家庭伦理关系是构建和谐社会中至关重要的一环。扫墓活动的深入人心与人们对祖先深厚的情感相关，与亲朋一同扫墓展现大家庭的和睦友爱。一方面，通过仪式，向故去的亲人表达感激与思念之情，同时也代表着家族"后继有人"；另一方面，通过仪式也可向祖先祈祷，以求得祖先保佑未来的生活顺顺利利。祭祖活动在世世代代的传承中发展变迁，至今依然是中国人热衷的民俗活动，背后蕴含着对至美亲情的重视，这种情感已经深深融入中华民族的血脉，成为团结和凝聚人心的精神力量。

民俗文化是促进经济发展的动力。《晏子春秋》有言"百里而异习，千里而殊俗"，一语道出因地域不同而风俗各异的现象。中国丰富的地形地貌、气候差异，造就了不同地区民俗文化之花竞相开放的盛况。围绕民俗文化而开展的各类活动，如灯会、庙会等特色民居、民族服装、民族节日、民间手工艺、歌舞表演等，吸引游客前来观光体验。近年来各种文化节陆续涌现，推动旅游行业、商贸活动的发展，促进产业融合，打造城市文化名片。一方面，无数商家借此机会发家致富，就业岗位增加，民众收入提高。另一方面，旅游业的繁荣又进一步促进地域文化的交流互动，游客观光游览、购物消费的同时，对于弘扬地域文化也起到了良好的作用。游客自身也能增长见闻，饱览异域风情，收获不一样的生活体验。

民俗文化中的传统节日不仅是对传统文化的传扬，还是人们平衡工作与生活的良好的润滑剂，起着调节个人身心的作用。我们深知，人不能无休止地劳

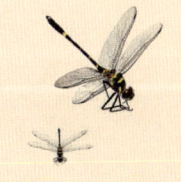

作,在繁忙的工作之余,人们还要到民俗中汲取营养,寻找心灵的栖息地。岁时节日的假期,给予了民众更多可以自由支配的时间,人们得以借此机会与亲友团聚抑或是游览山河美景,岁时节日的活动为民众放松身心提供了良好的契机,将人们从平时辛苦疲惫的生活中短暂地解放出来。而民众的共同欢度,更是增添了节日的氛围,将喜悦的情绪传递给更多的人。岁时节日中的习俗是人们身心所需,节日的娱乐消遣丰富了人们的生活,使人们劳逸结合,从而更能激发大众的创造力和积极性。各个单位机构组织开展健康有益的民俗活动,传承了民间的文化,如手工课学习绘制年画、剪纸等。一些图书馆在元宵节举办猜灯谜的活动,令人们感受到节日氛围的同时,也传播了猜谜语这一古老的民间游戏,可以提高学生们对传统文化的兴趣。

尽管一些民俗活动的重要性遭到人们的漠视,有的人认为民俗是可有可无的东西,但实际上民俗以一种极其贴近人们生活的方式,长期与人们的生活实践保持联系,不仅停留在看得见的物质层面,还深刻地影响着中国人的价值观念、审美情趣、行为方式、语言习惯等。我们很容易忽视民俗在调节个人生活中所起的作用,在日常生活中不以为意,可事实是,一旦与生活密切相关的民俗活动减少或者改变了,人们在生活中就会有明显的情绪变化,比如现在的春节,家人团聚吃饭仍然是不变的必要活动,但是实际上庆祝春节的活动比过去少了,烟花爆竹的身影在城市中消失不见,所以人们有时会感叹"年味淡了",没有过

年的感觉了。

关于民俗文化在国家层面的影响,古人有着精彩的论述。应劭在《风俗通义》中云:"为政之要,辨风正俗,最其上也。"❶《新唐书》载曰:"为政必先究风俗。"❷苏轼说:"人之寿夭在元气,国之长短在风俗。"❸可见在古人眼中,民俗在国家发展中扮演着极其重要的角色。

诚然,民俗文化中既有精华又有糟粕,民俗文化中健康向上的内容发挥着积极的影响,起着维系社会秩序、推动经济发展、调节个人身心乃至促进国家富强等积极的社会作用,当然不够健康积极的民俗也是民俗文化的组成部分,存在于世俗的生活之中。我们不能以偏概全,而需要辩证地看待民俗文化中的优劣面,使之更好地为我们的社会生活服务。

❶ 龚鹏程:《汉代思潮》,商务印书馆,2005,第42页。

❷ (宋)欧阳修、宋祁:《新唐书》,中华书局,1975,第5053页。

❸ 王水照、朱刚:《苏轼诗词文选评》,上海古籍出版社,2011,第37页。

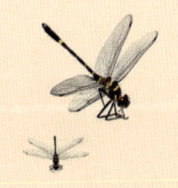

第三节 民俗承载的文化内涵和精神寄托

民俗是历史文化的纽带,是一系列有关宇宙自然、物质生产、伦理道德、生活方式、价值理念、艺术审美等因素的有机结合。民俗不但是人们的物质财富,也是人们的精神财富,它承载着丰富的文化内涵,是人们认识自己和世界的一扇窗,是人们精神的家园。

民俗文化是个人了解社会、追寻生活意义的一把钥匙。古希腊伟大的哲学家苏格拉底曾有这样一句名言:"认识你自己。"民俗恰好就是帮助人们知晓过往、明白生活中的事项何以为此、理解本民族与国家文化的一条良好途径。毫无疑问,优秀的民俗文化是先人们智慧和经验的总结,丰富着我们的精神世界,培养我们高尚的情操,还在一定程度上满足了我们的情感需求。我们可以身体力行地在民俗文化的实践中感受古人的生活痕迹和留给我们的文化财富。如果人们理解了日常生活中"目之所见,耳之所闻"的民俗,明白它们背后的文化内涵以及传承这些文化的意义,那么人们在面对民俗时,一种亲切之感便会油然而生,从而会更加珍惜和热爱现在的生活。

人类在探寻生命意义的道路上从未止步。《史记·管晏列传》云:"仓廪实而知礼节,衣食足而知荣辱。"在满足了衣食住行的基本生存需求之后,人们便将目光转向更高的礼仪和道德层面。自古人们在精神境界上就提出崇高的追求,北宋理学大家张载的名言"为天地立心,为生民立命,为往圣继绝学,为万世开太平"流传千古。此外,人们熟知的"三不朽","太上有立德,其次有立功,其次有立言",指出人生最高的境界是树立德行,其次是建功立业,最后是著书立说。我们应当注意,民俗在社会发展中具有难以忽略的"立德"之功,它为人们提供生活中的准则和规矩,以伦理道德或约定俗成的习惯规范着人们的行为,维护社会秩序,承载着民众精神方面的寄托。

民俗是中华文化的载体,是民族文化中不可分割的重要部分,它深刻地塑造着中华民族的精神和民族性格。我国的民俗文化中蕴藏着中华民族诸多优秀品质,如孝老敬亲、积善成德、勤劳勇敢等。曾子云:"身

也者，父母之遗体也。行父母之遗体，敢不敬乎？"孝敬长辈的传统传承已久，敬祖孝亲是中华民族的传统美德。民俗中多有体现孝敬长辈的理念，如民间信仰中的祖宗崇拜，传统节日中的清明节、中元节等，这些传统民俗对于塑造健全的人格、良好的道德品质、积极向上的生活态度，弘扬中华民族的传统美德具有现实的意义。民俗文化是一面镜子，能够形象地反映出一个民族的思维方式、处事风格与精神风貌。

民俗是民族的文化基因和联结各族人民的精神桥梁。如一年一度的黄帝陵祭典，是中国人同根同源的民族情结的典型代表，这对于维护祖国团结统一有着十分重要的意义。无论身处何方，海内外中华儿女都具有共同的文化认同，这种文化认同能够在人们的心中凝聚起强烈的家国情怀，建构起群体的归属感。现在有一些民俗活动可能在国内部分地区不如以前流行了，但是海外的华人依然会举行相关活动，例如踩高跷、舞龙舞狮等，我们总能从网上看到海外华人举行各种传统的欢度春节的庆祝活动。民俗以大众喜闻乐见的形式，使得海内外同胞即便隔着万水千山，大家的心灵也紧紧联结在一起，保持着民族的文化认同感。不仅如此，优秀民俗文化的认同与传承还有助于树立我国的传统文化自信。习近平总书记强调"文化自信是一个国家、一个民族发展中更基本、更深沉、更持久的力量""坚定文化自信，是事关国运兴衰、事关文化安全、事关民族精神独立性的大问题"。传承民俗文化中积极有益的成分对于推动精神文明建设、坚定文化自信、凝聚人心无疑有极其重要的作用。

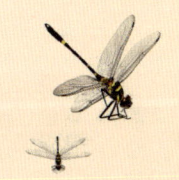

民俗文化是一座丰富的宝库。如今，民俗文化受到前所未有的重视，民俗保护意识越来越深入人心，民俗的保护和传承已然成为一项神圣的事业。在社会生活趋同的今天，为了更好地凸显民俗文化的价值，民俗文化的特殊性的守护逐渐被提上日程。某些曾经在人们生活中风靡一时的民俗文化渐渐淡出人们的视野，因而民俗文化的传承问题越来越受到人们的重视。例如某些曾经名动一时的民间雕刻手工艺风华不再，选择继续将民间手艺作为职业的工匠人数越来越少。现在人们越来越意识到传统民俗文化亟须保护起来，需要通过国家和社会的共同努力凝聚人心，呵护我们民族的文化基因。经过几代人的努力和付出，一些民俗已经纳入重点文物保护对象或者列入非物质文化遗产，如我国的一些传统岁时节日、民俗工艺品等。其中，二十四节气的创立是中国民俗文化中一颗闪亮的星星。二十四节气是先秦时期人们观察太阳的周年运动而制定出来的与季节、气候等方面有关的时间点，反映了自然变化的规律，广泛地应用于农事活动，在人们的日常生活中发挥了极其重要的作用。二十四节气于 2016 年 11 月 30 日被正式列入联合国教科文组织人类非物质文化遗产代表作名录，在国际气象界被誉为"中国的第五大发明"。由此可见，中国民俗中确有科学的内容，是我们宝贵的文化资源，不但服务于中国百姓的生活，而且也为全人类的文化事业作出杰出的贡献。

民俗既是历史的，也是现实的。民俗文化的发展是一个动态的过程，不断吸收时代的新鲜血液、推

陈出新，以求得与时俱进。民俗的创造处于进行时，现存民俗的主体部分无疑是在历史中形成、发展起来的，但时代并没有停止对旧有民俗的改造和新民俗的创造，民俗长期处于动态发展的过程中。民俗具有相对稳定性，虽然历经岁月流转，形式上发生了或多或少的改变，但是民俗活动背后所反映出的人们的价值观念、思维方式是更为长久和稳定的。比如，不论民俗活动如何变迁，人们趋吉避凶的心理都长久不变。民俗文化离不开社会为之提供的生存基础，既来自大众的生产生活实践，又经历时代的检验；既为大众提供精神的家园，又能带来实际的经济效益。民俗因适应民众的需求而生，服务于民众的生活，给予民众物质上的收获或者精神上的慰藉，因而有着广阔的市场，经久不衰。

　　民俗文化是我们文化的标志、精神上的无价之宝。改革开放之后，中西文化的碰撞交流越发频繁剧烈，传统文化以其顽强的生命力，在新时代的浪潮中转型发展。当物质水平充分发展的时候，人们对民俗文化也有了更高的期待和要求。随着时代的发展，人的主体性不断被唤醒，人们所创造出的民俗文化越来越符合现代人的审美，人们的精神文明需求提升到新的层次。文化是一个国家的精神标识，文化自信从对传统文化的认识和认同中来，面对外来文化的冲击，我国的传统文化受到挑战，我们需要树立文化自信，坚守本民族的文化，发扬与时代精神相符合的民俗文化。如今，现代科学技术的发展为民俗文化的传播提供了新的途径。在互联网时代，民俗文化以前所未有

的速度在世界舞台上传播，极大地拉近人们之间的距离。网络的发展为资源共享、文化传播打开了便捷之门，"云旅游"一词活跃在人们的视野之中。人们在各个社交平台晒出本地的民俗活动，因而足不出户便能领略到世界各地的风土人情，中外文化的交流空前频繁。当然网络上传播的民俗良莠不齐，这也引发了民众的担忧。

毫无疑问，民俗当中有落后腐朽的一面，也就是我们常说的"陋俗"❶。陋俗腐蚀人的思想，消解人们奋发向上的意志，扭曲心灵，毁坏正常的人格，导致社会资源的浪费，造成不良的社会效应，阻碍着社会主义现代化建设的推进，对于此类不良习俗我们要坚决抵制。在世界文化交流激荡的时代，外来文化的浪潮席卷各地，了解本民族的民俗文化，提高我们的文化鉴别能力，自觉抵制不利于社会发展的糟粕，在时代的浪潮中树立起民族文化的自信，才能卓然自立于世界民族之林。因而，我们更需要加强对于我国民俗文化的了解，对民俗文化的内容拥有敏锐的判断力。当然，民俗传承指的是继承优秀的民俗文化，挖掘民俗文化中积极有益的内容。我们应当以一种"辩证的否定"态度来对待我国的民俗文化，这不是对民俗的简单抛弃，而是淘汰掉民俗中消极落后的内容，吸收、保留民俗中健康向上的内容，以一种全面的、整体的眼光来看待民俗文化，既肯定又否定，既克服又保留，促进民俗文化的健康发展，为社会主义精神文明建设添砖加瓦。

中国的民俗文化有着无穷的魅力，不仅在中国社

---

❶ 在当今时代，很多古代的陋俗都已消失，比如一夫一妻多妾制、女子缠足、童养媳等。还有一些陋俗正在逐步被摒弃，如闹新房等。

会中引起强烈反响，而且影响力还扩及周边东亚、东南亚国家乃至其他各大洲，为世界文化的繁荣贡献自己的力量。中国的传统节日、民间手工艺、民族服饰等走向世界，以独特的东方韵味展示中国悠久深邃的民间文化，受到无数外国友人的追捧和喜爱。我们应当对自身的民俗文化给予充分的肯定，以"取其精华，去其糟粕"的态度面对纷繁多样的民俗世界，对我国优秀民俗文化的生命力葆有充足的自信心。

总之，民俗文化是中华文化中不可分割的一部分，承载着丰富的文化内涵，是个人与民族的精神支柱。在历史的长河中，人们对民俗不断地进行创造和选择，构建出绚丽多姿的生活。民俗来源于生活、服务于现实，是丰富个人生活、宣泄情感的精神寄托方式，是塑造民族气质的深层文化基因，同时也是属于世界的知识宝藏。寻找精神的家园需要充分肯定优秀民俗文化的价值，坚守中华优秀传统文化。

● **中国民俗发展轴线**

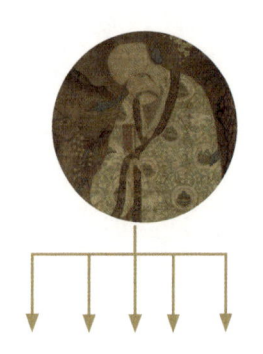

中国民俗
├── 人生礼仪
│   ├── 诞日习俗
│   ├── 成年习俗
│   ├── 婚姻习俗
│   ├── 祝寿习俗
│   └── 丧葬习俗
└── 传统节日
    ├── 自然崇拜
    ├── 图腾崇拜
    ├── 祖宗崇拜
    └── 迷信与禁忌

信仰崇拜

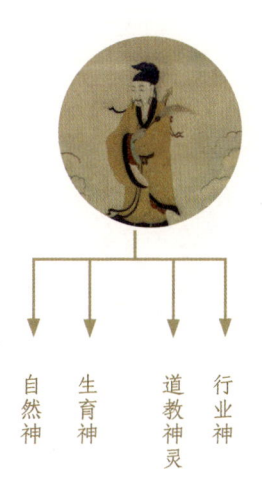

- 自然神
- 生育神
- 道教神灵
- 行业神

衣食住行

- 服饰民俗
- 饮食民俗
- 居住民俗
- 交通民俗

中國符號